聖なる約束4

ヤマト人への福音

教育勅語という祈り

赤塚高仁

巻頭言

歴史の岐路に本書が出版される意味

船井勝仁

本書は、赤塚高仁さんと私が二人で紡ぎ始めた「聖なる約束」シリーズの第４弾となります。

二人で何度かイスラエルを旅し、また親しくお付き合いさせていただく中で、「私たちは常識に洗脳されている（例えば、新聞で信じていいのは日付だけという真実）」という赤塚さんの考えに深く共鳴するようになりました。

さらに、いま私たち人類は進化と呼んでもいいほどの大きな変化が求められているということを共通に感じたので、そのためのメッセージとして本シリーズを書き進めていかなければならないと確信し、きれい・ねっとのご厚意もあって第４弾を出版させていただく運びとなったのです。

第1弾の『聖なる約束』は、赤塚さんと私がイスラエルの地で受けた神秘体験について語らせていただきました。第2弾『ヤマト人への手紙』では、赤塚さんが直接霊的なメッセージを受け取っているパウロから私たち日本人への詳細なメッセージが綴られ、実は第4弾の本書でも重大なテーマとなっている「(代々の)天皇は(すべて愛の塊である)キリストである」という驚くべき結論を見出していきました。

そして、第3弾『黙示を観る旅』では、聖書で一番難解とされている「ヨハネの黙示録」をどう読み解くかについて書かせていただきました。

当初は、赤塚さんの敬愛する糸川英夫先生の大ベストセラー「逆転の発想」シリーズが4冊で完結していることから、「聖なる約束」シリーズも4冊目である本書で完結する予定でした。しかし、『黙示を観る旅』を書いているうちに、私たちが伝えていくべきことはとてもその程度では終わらないことに気がつき始めた二人は、本書を「聖なる約束4 ヤマト人への福音　教育勅語という祈り」という形とし、まだ本シリーズが続くことを意図して書くことを決めたのです。

本来は本シリーズの終章にしようと意図するほど、赤塚さんにとって教育勅語というテーマは大きく、赤塚さんのライフワークである「やまとこころのキャンドルサービス」でも中心的な存在になっています。

ところが、２０１７年の早春、ちょうど本書を出版するいまこのタイミングで、教育勅語の「危険性」が世間で話題になるという、本シリーズの意図とはまったく逆の動きが強くなっています。

いまのところはネガティブな側面ばかりが注目されていますが、本書で赤塚さんが何度も指摘しているように、教育勅語を悪く言う人のほとんどは、実は教育勅語を読んだことがないようです（私もそんな一人でしたのでそのような方の心象風景はよく分かります）。そして、読んだという方も、本来の意図をまったく理解していない場合が多々見られます（残念ながら、現在においても私はこの位置にいると認識しています）。

もしかすると、いまの社会の動きは、これまでその名称と冒頭の「朕惟フニ」という書き出し以外はほとんど教育勅語のことを知らなかったであろう多くの方に、興味を持っていただける可能性が高い絶好のタイミングを生む神意なのではないかと感じています。それほど、赤塚教育勅語は熱烈であり、どちらかというと赤塚さんとは逆の思想を持っている私のような人間にも、大きなインパクトをもたらすものなのです。

本文にある通り、教育勅語はＧＨＱが占領政策を進めていくに当たり、昭和23（1948）年6月19日に公式に衆参両議院で排除に関する決議がなされています。つまり、安倍総理が大切にされている教育基本法に基づく考え方においては、公立校の教育現場等の公式の場でそれを使うことは正式に否定されている状態にあるのです。

私は赤塚さんとは違い、それを教育現場で正式に復活させるべきだとは思っていません。でも、私たちが個人的に古事記や日本書紀などの日本の神話、さらには聖書の世界に触れた方がいいのと同様に、多くの人にとって生きるための指針を与えてくれるとても大事な文章であるという真実は広まっていった方がいいと思います。

本書を読んでいただくと、他国の統治の方法論と日本の統治のあり方（おそらく、滅ぼされてしまったインカ文明やマヤ文明と同じ種類のものです）がまったく異なることが分かります。

赤塚さんは前者を「ウシハク」、後者を「シラス」と区別され、丁寧に説明してくれています。天照大神の孫の瓊瓊杵尊《ににぎのみこと》が天孫降臨されてから3代目に当たる神武天皇まで我が国が建国されなかったのは、天皇家が「シラス」の状態になるためにそれだけの年月が必要だったという事実が明らかにされているのです。

そして、教育勅語は一切の見返りを求めないただ愛だけのキリストの存在であった、いまから3代前の明治天皇が、国が西洋化（「ウシハク」化）していくことを憂えて作らせたものであるということが述べられています。

いずれにせよ、たった315文字、1枚の紙に十分納められてしまうほど短い、しかも、いま読もうとすると文語体で難しい言い回しになっているとはいえ、戦前の小学生が十分理解できる内容の徳目を淡々と綴った文章が、その存在を完全に抹殺しなければならないほど重要なインパクトを持っていたのは間違いのない事実なのです。

多くの国民から無条件の尊敬を集められている今上天皇や、戦後の混乱を見事に乗り切り、貴重な象徴としての在り方を示してくださった昭和天皇、明治維新の大乱を乗り切られて日本を世界有数の強国へと導かれた明治天皇など、私たちの知っている天皇はすばらしい方ばかりです。しかし、赤塚さんは驚くべきことに今上天皇までの125代すべての天皇が、一切見返りを求めない本当の愛を持っているキリストだとおっしゃっています。

そして、その本当の愛が一番私たちに分かりやすい形で示されているのが教育勅語であり、だから日本が二度とアメリカに歯向かうことがないようにするためには、まず何よりも教育勅語を葬らなければならないということが占領政策の基本になったというのです。

いま私たちは、アメリカにこれまでの常識とはまったく違う政治をすることを高らかに唱える大統領が生まれ、戦後私たちを守ってくれていた常識に従っているだけではうまく生きていけなくなることに気がつき始めています。

極端に言うと、『聖なる約束』で私が述べたとおり、東京裁判史観を受け入れて戦争責任をA級戦犯の人たちと天皇に押し付けることで、私たち自身の責任を不問にしてきたこれまでの体制に終止符を打たなければ、未来へと進んでいけないことに気づき始めているのです。

東京裁判史観と表裏一体の約束事として教育勅語の排除がありました。しかし、あの戦争を遂行したのは天皇とA級戦犯だけではなく、私たち日本人の一人ひとりの集合意識であったのは間違いのない事実です。だから、私たちはまず全員がその責任を認め、その上で日本古来の「シラス」で国を治める方法を思い出して、世界の人々と手をつなぎながら平和に生きていく道を選ばなければならないのです。

日本はいまも素晴らしい国です。歴代の天皇だけではなく、その「シラス」の政《まつりごと》をずっと受けてきた私たち国民も、いざという時は、一切の見返りを求めない本当の愛の状態を持つことができます。それは大震災や津波の被害にあっても利他の心で互いに助け合いいたわり合うことのできる国民性にしっかりと表れています。

また、未来の私たちのために見返りを求めずに20歳前後の若さで死出の旅路に飛び立っていった特攻隊の人々や、国を守るために看護師として筆舌に尽くしがたいほど酷い仕打ちを受けた沖縄の女学生たちにも、その姿を見ることができます。

もしかすると、天皇は戦後の私たち国民の在り方を見てこられて、私たちの精神性が荒んでしまっていることを危惧されているのかもしれません。

だからこそ、神武天皇から125代の天皇のキリスト愛に育まれてきた私たち国民の中にも利他の心はしっかり根付いていて、いまこの世界政治の大変革の時にあって、私たちが本来持っているキリストの愛を感じ、あらわす心が目覚めつつあることを、きちんと示していかなければならないと思います。

どこか遠くにいる誰か偉い人に未来を決めてもらうのではなく、私たちは自分の未来を自分で決める時代を迎えつつあるのではないでしょうか。

そのために、真実の教育勅語に触れてみることは、私たち日本人にとって大変意義深いことだと感じます。そして、本書がその導きのために大いに役立つことを保証させていただき、巻頭言を締めくくりたいと思います。

平成29年3月20日

新しい世の中が始まるとされている春分の日に

船井勝仁

もくじ

第2章　歴史に学ぶやまとこころ

第3章　やまとを復活させた教育勅語

第4章　教育勅語という祈り

第５章　ヤマト人への福音を伝える

プロローグ

１９４５年8月15日我が国は、米国との戦争に敗れました。

日本建国以来２６０５年、初めての敗戦でした。

63の都市が焼かれ、最後の二つの町には人体実験とも思われる二種類の特殊爆弾が落とされ、無辜《むこ》の人々が焼き殺されました。我が国の歴史上、未曽有の３１０万人という戦死者を出した戦争でした。


しかし勝利した米国は、恐れました。撃っても撃っても、２５０キロの爆弾を抱えてぶつかってくる戦闘機。武器もない、食料もない、水もない、それでも戦いをやめない兵士たち。自らの命と引き換えにしてでも愛するものを守ろうとする国民に怯えました。

生きとし生けるもの、我が身、命以上に大切なものはありません。

その命にかえても護りたいもののためにぶつかってくる、ヤマトの魂を心底恐れたのです。
たとえみんなが死んでも自分は生きて帰りたいという米兵と、たとえみんなが助かっても、自分だけは大いなるもののために死にゆくというヤマトの兵士。

これまでに攻め滅ぼしたどの国よりも強力に敵対してきた日本という存在は、米国にとって脅威でした。

二度と日本という極東の島国が米国に逆らわないように、徹底的に弱体化しておかなければならないとアメリカは考えました。そのために、ＧＨＱ（連合軍総司令部）はまず天皇を亡き者にしようとしたのです。

絞首刑にするか、
中国に亡命させて暗殺するか、
共産主義者たちに引き渡し処刑させるか……。

いずれにせよ、天皇は殺されるものであったのです。

GHQの最高司令官が天皇と出会うまでは。

昭和20年9月27日、昭和天皇はGHQのマッカーサー元帥をお訪ねになりました。この時の陛下のお供は通訳の奥村勝蔵氏ただ一人で、マッカーサー元帥は出迎えもせず、自分の机の席で足を組んでパイプをくわえたまま動こうともしませんでした。陛下は机の前まで進まれて直立不動のまま、ご挨拶された後こう言われました。

「日本国天皇はこの私であります。今回の戦争に関する一切の責任はこの私にあります。私の命においてすべてが行われました限り、日本にはただ一人の戦犯もおりません。絞首刑はもちろんのこと、いかなる極刑に処されてもいつでも応じるだけの覚悟はあります。

しかしながら、罪なき国民が住むに家なく、着るに衣なく、食べるに食なき姿において、まさに深憂に耐えんものがあります。温かき閣下のご配慮を持ちまして、国民の衣食住にご高配を賜りますように。ここに皇室財産の有価証券類をまとめて持参したので、その費用の一部にあてていただければ幸いであります」

そして、大きな風呂敷包みを元帥の机の上に差し出されたのです。

実は、マッカーサー元帥は天皇に戦争責任がないことをすでに認識していました。それで元帥は、天皇の訪問の目的は自分自身の保身、すなわち命乞いであろうと思っていました。ところが驚くべきことに、その天皇陛下が自分は絞首刑になってもいいから国民を救ってもらいたいと言われたのです。

それまで姿勢を変えなかったマッカーサー元帥は、立ちあがって陛下の前に進み、抱きつかんばかりに陛下のお手をにぎって、「私は、はじめてキリストを見た」と言って、陛下のお帰りの際には、元帥自ら見送りの礼をとったのでした。

マッカーサーは、この後すぐに日本に食料を送るように命じました。彼はこの時、もしも天皇に手を出すようなことがあれば、どれほどの軍隊をもってしても、また１００年の時を費やしたとしても、日本を統治することは不可能だと悟りました。

こうしてＧＨＱは、日本を支配するために武力ではなく、思想戦で徹底的に弱体化することを決めたのです。そして、そのための攻撃目標となったのが「教育勅語」です。

「占領の目的は、日本が再び米国の脅威となり、または世界の脅威とならざることを確実にすること」とＧＨＱの占領文書に明確に書かれています。このために、ＧＨＱはまず日本人の精神、大和魂の根源がどこにあるのか徹底的に探りました。そして、やまとのこころの背骨になっているのが「教育勅語」であることを発見します。この教育勅語による日本の教育を叩き壊さない限り、日本は米国にとって「脅威とならない安全な国」にはならないと考えたのです。

まだＧＨＱの手が教育分野に伸びていなかった昭和20年9月には、文部省は「新日本建設の教育方針」として、戦後教育でも教育勅語を根幹に国家の背骨を立ち上げるのだと強調していました。

ところが、12月に入るとGHQは日本の教育を根本から解体し始めます。国家神道の廃止、政治と宗教の徹底的分離、神社神道の民間宗教としての存続などを指示する「神道指令」、教育機関における修身、日本歴史、地理が軍国主義、侵略主義教育のための教科であるとして廃止を指示する「修身、日本歴史及び地理停止」といった措置を次々と打ち出していきました。

そしてついに文部省は、

1. 教育勅語を以て、我が国教育の淵源となす、従来の考え方を去って、これと共に教育の淵源を、広く古今東西の倫理、哲学、宗教などにも求むる態度をとること。

2. 式日等に於いて、従来、教育勅語を奉読することを慣例としたが、今後はこれを読まないこととすること。

と、通達を出したのです。

そして昭和23年6月19日、衆議院で「教育勅語等排除に関する決議」がなされました。そこにはこうあります。


「民主平和国家として、世界史的建設途上にある我が国の現実は、その精神内容において、未だ決定的な民主化を確認するを得ないのは遺憾である。これが徹底に最も緊要なことは、教育基本法に則り、教育の革新と振興をはかることにある。

しかるに、既に過去の文書になっている、教育勅語、並びに陸海軍人に賜りたる勅諭、その他の教育に関する諸詔勅が、今日もなお国民道徳の指導原理としての性格を維持しているかの如く誤解されるのは、従来の行政上の措置が不十分であったがためである。

思うに、これらの詔勅の根本的理念が、主権在君、並びに神話的国体観に基づいている事実は、明らかに基本的人権を損ない、且つ国際信義に対して疑点を残すもととなる。

よって、憲法98条の本旨に従い、ここに衆議院は院議を以てこれらの詔勅を排除し、その指導原理的性格を認めないことを宣言する。政府は直ちにこれらの詔勅の謄本を回収し、排除の措置を完了すべきである。右決議する。」

同日、参議院でも同じ趣旨の決議をして、「教育勅語」を葬り去ったのです。

これはすべて占領軍の、日本建国の原点、建国の理念を奪い去るための策略であり、日本国民を背骨のない愚民にするための方法です。日本は「教育勅語」の廃止によって、その弱体化の止めを刺されたと言ってもよいでしょう。

日本と同様敗戦国となったドイツのアデナウワー首相は、首相執務室に教育勅語のドイツ語訳を掲げ、「義勇公に奉じ」と「父母に孝に」の2か所は太字にしてあったといいます。明治天皇の「教育勅語」の教えによって復興を果たしたのです。

ところが、我が国では戦後70年経った今でも「教育勅語」は廃止されたままで、多くの人々は読んだこともないままに、洗脳された通りに軍国主義のための恐ろしいものだと思いこんでいるのです。

国連加盟国193カ国の中で、最も古い歴史を持つ日本国。

それにもかかわらず、祖国の建国の歴史を教えない唯一の国、日本。

いま、ヤマトの人々は、大人も子供も祖国の大地、民族の歴史というよりどころを失い、さまよっています。

私は、ヤマトの民に呼びかけたいのです。

私たちは今生、日本に生まれました。

ヤマトの民には大きな役割があり、天からの願いがかけられています。それは、天の世界を地上に映すような国を完成し、世界の灯明台となることなのです。

この願いを知り、目覚め、そしてついには実現するために、私はヤマト人への福音である真実の「教育勅語」を、そして、そこにこめられた祈りを、命をかけてここに明かしていきます。

戦いのためではなく、全人類一つ屋根の下の家族として敵味方のない真の平安の世界へと私たちが進化するために……。

第1章

神話を知る、やまとこころを知る

日本の成り立ちを知ることの大切さ

敗戦の後、教育勅語と同様に日本から葬り去られてしまったもの、それは神話です。ところが、実は日本というのは、それでもなお神話がいまもピチピチ生きている国なのです。

私たちの国の始まりは、神話にはこうあります。

「天地の初めのとき、高天原になりませる神の御名は天之御中主の神、次に高御産巣日の神、神産巣日の神、みな一人神なりまして、身を隠したまいき」

「天地創造のとき、高天原にお出になったのは、アメノミナカヌシノカミでした。間もなくタカミムスヒノカミ、続いてカミムスヒノカミがお成りになりました。この三柱の神はいずれもひとり神でした。ひとり神とは男女の区別のない神で、すぐに御身をお隠しになりました」

人類に伝わる最古の書物である聖書の始まりは、「創世記」です。その始まりには「はじめに神は天と地を創造された」と書かれています。万物の創造主、唯一絶対の神がすべてを創ったというのです。

私は30年間イスラエルを何度も訪ね、足の裏で聖書を読んできましたが、どうしても解決できない問題がいくつかありました。その中でも最も大きな疑問の一つが「唯一絶対の神は誰が創ったのか?」ということです。

『古事記伝』を著わした本居宣長は、「天地は一枚なれば、日本も外国も同一天地の内にあるので、別々にあるものではない。だから、その天地の始まりは万国の天地の始まりである。しかれば、古事記に記された天地の始まりのさまは、万国の天地の始まりのさまである。天地日月が国によって異なることの無いように、天地創造のときになり出給える天之御中主の神以下の神たちは万国の神たちに他ならぬ」と言っています。

聖書をいくら研究しても、どれほど学んでも解決できなかった疑問が氷解したのは、古事記のこの最初の一行でした。

ユダヤの民が生んだ聖書では、絶対の神が森羅万象一切をお造りになったとしていますが、ヤマト人の神話はアメノミナカヌシノカミが生まれる前にすでに宇宙（高天原）が存在していたというのです。

なんという智慧でしょう！　私は飛びあがりたくなるほど感動しました。

私たちの先祖は、この世に現れる森羅万象はすべて、永遠なる高天原の神の世界の投影だと感じておられたようです。

人の肉体は、ひとときの乗り物。また、表現を変えれば「神の宮」でもあります。永遠の世界からやってくる、目に見えない魂こそ私たちの本体であり、生き通しで終わらない命を生きるのだと伝えてくださっているのです。

さらに、その魂は神の分け御魂であり、それこそが私たちの本質であると真理を神話は語ります。

コンピューターもAIも何もない時代、私たちのご先祖は天と繋がり、宇宙の秩序で生きておられました。そして、天地・宇宙を創造した大いなる力に生かされている自覚をありありと持っておられたに違いありません。

目に見える世界が、目に見えない世界からやってきたものであると知り、その命の源流につながって生きていたのでしょう。自分たちが「被造物」であることの自覚をもって。

神の世界で生かされていたとき、私たちは「ひとつ」でした。

やがて、私たちは「私」という錯覚を創り出し、神から離れて行ったのです。しかし、それすらも神との「聖なる約束」だったのかもしれません。

私たちは、定められた期間、この世を生き、肉体を持たなければできない学びをさせていただくのですが、その学びの大半は「人間関係」を通して行われます。

「国家」という人々の集まりも人々の想いの変化体であり、一人ひとりが違うように、国柄も違っていて、それぞれがつながり合い関わりあって存在しています。

すべての魂にとって、最初に知るべきことは親のことと国のことです。家庭では、家族という民族の最初の関わりを学びます。両親や家族を愛することを知り、愛されている自分を知ります。

そうすることで、まず自分を愛することができるようになります。なぜなら、自分を愛せなければ、他人を愛することができないからです。

どの民族も、生まれてきた子供たちに初めに祖国の歴史について教えます。自分の国がいつ、誰によって、どうやってできたのか。

教育の始まりは、祖国愛に目覚めることからです。なぜなら、祖国を愛せない人は、他国を愛することなどできないからです。そしてそれは、国の成り立ちを知らなくてはできないことなのです。

私たちは、親を選び、国を選んで地球にやってきた魂です。日本という国の成り立ちを知ることは、日本に生まれた魂にとって大切なことです。いいえ、大切なことどころの話ではありません。人間としての根っこと言ってもいい、何よりも大切なことなのです。

それにもかかわらず、国連加盟国193ヶ国の中で祖国の建国を教えない唯一の国、それが今の日本です。

英国の歴史学者アーノルド・トゥインビーが、「およそ12歳までに祖国の歴史を教えられていない子供は、祖国を愛することができないし、民族の歴史を失った民族は、例外なく滅んでいる」と言っているのは、間違いのない事実なのでしょう。

私たちが選び、生まれたこの日本という国が、すばらしい神話と先祖に支えられ生かされて、今まさに世界で最も長い歴史を持つということを知り、その驚くべき事実に気づかなければならない時がきています。

魚に水がみえないように、
鳥に空気がみえないように、
日本人に日本が見えていません。

いま、日本人は民族の誇りを取り戻さなければなりません。
日本が世界の希望であり、光なのです。
日本は世界の灯明台とならなければいけないのです。
その役割があるのです。

神話のはじまり、国生み

日本に神話はありますが、それは宗教ではありません。
一切の宗教を超越して、天の願っていることを知り、それを生きる時、真の幸せが得られます。
人は幸せになるために生まれてきました。天も一人ひとりの幸せを願っています。しかし、私たちの魂の設計図には「自分で自分を幸せにする」というプログラムはないようです。人類の歴史の中で、自分で自分を幸せにできた人はいないのです。

では、私たちの魂のプログラムはどうすれば幸せになれるようにつくられているのでしょうか。

幸せとは、他人を幸せにするとき、私たちの心に生まれる喜びのことです。人を幸せにしたとき、天から与えられるご褒美が「幸せ」なのです。
他者のために命をつかっているとき、自分はいません。利他の心こそ、実は自分を幸せにできる道だと私たちの先祖は知っていました。

それで、神々の国である高天原を地上にも創ろうとして、私たちの先祖は祈り、日本という世界に類のない、人が大和し幸せに生きる「シラス国」を築いてくださったのです。

神話は、イザナギ、イザナミの二神の登場を告げます。

「吾が身の成り余れる処を汝が身の成り合わざる処に刺し塞ぎて国土を生みなさんと以為うは如何に」と、男女のまぐわいをもって、国生みをしようと申し入れるのです。

「あなにやし、え、をとこを」

イザナミがイザナギに「なんてすばらしい男でしょう」と声をかけて交わって生まれたのは、どろどろのヒルコでした。

国生みがうまくゆかないので、二神は天上界の神に相談しにゆきます。神が悩み、答えを探すのが日本の神話です。

すると天の神は、女が男に声をかけたのがよくないと言います。男が女を輝かせてこそ、二人の間に良きものが生まれるのだというのです。神といえども完璧ではなく、天の神、すなわち創造主の御心を聞き、それに従い成長してゆく姿は、子孫への大きなメッセージです。

再び、イザナギが「あなにやし、え、をとめを」イザナミ応えて「あなにやし、え、をとこを」

こうして、大八洲、日本の国が生まれます。

この後、イザナギが禊ぎした後に左目から産まれたアマテラスは、天地の真理の人格神、太陽の女神として神々と相談し、無限に広がる真の豊かさと、絶対善、光の国である高天原を地上に実現する国の具現化を目指すのです。

「ウシハク」国から「シラス」国へ

実は日本も、力ある者が権力を持ち支配する「ウシハク」国でした。支配者の名はオオクニヌシと言います。オオクニヌシはすばらしい統治者で、国は富み栄えました。しかし、いくら栄えても力によって治められた世界は、争いの止まない覇道の世界です。

そんな「ウシハク」世界に、アマテラスがメッセージを送り届けます。それを持ち運んだのが高天原で一番の武神タケミカヅチです。タケミカヅチは、オオクニヌシにアマテラスが仰せになった言葉を届けました。

「汝ウシハクこの国はシラス国ぞとアマテラスが仰せである」

「シラス」とは「知らす」ということ。支配するのではなく、和することで治めていくのが日本と言う国であるというのです。

「ウシハク」世界が生み出すものを知ったオオクニヌシは自分の天命を知りました。国を譲ることにするのです。

しかし、ここで大切なことがあります。オオクニヌシは無条件降伏したのではありません。オオクニヌシの条件は、「私の拝する神をそのまま祀らせてもらいたい」ということでした。

人類の歴史のなかで、新しい統治者が以前の権力者の信仰を認めた例はありませ
ん。支配するということは、新しい価値観を強要することです。様々な依存の構図
を作り上げることで支配者と被支配者をつくり、政治的にも支配してゆくのです。
とりわけ、信仰は人々の心の拠り所となります。ですから、支配者は必ずと言っ
ていいほど、信仰を利用して宗教による人心の支配をしてゆくのです。

「シラス」世界とは、愛そのものの世界です。

愛は、無条件です。
愛は、むさぼりません。
愛は、一方的です。
愛は、無制限です。
そして、愛は、無差別です。

この宇宙の美しい秩序と法則を知った覚者が見出した「真理」。その真理が滞り腐るとき、匂いを放ち「宗教」となります。

アジアの西の果てで生まれたキリスト・イエスの教えをあたかも伝えるようなふりをして、キリスト教という宗教を人々を支配することに利用した「ウシハク」国々が、先人の宗教を認めることは決してありませんでした。

キリスト教という、イエスの教えと似ても似つかぬ価値観を押しつけ、絶対の神に帰依することを強いました。それは、自分たちの権力こそ神であり、それに従えという支配構造でもあったのです。

十字軍の姿を、最も悲しんだのはイエスであろうと私は思うのです。「ウシハク」世界は、愛なき世界。彼らが謳う愛は、愛のようなものであって、愛ではありません。

ところが、私たちの天皇の祖先であるアマテラスは、オオクニヌシに彼らの信仰を認めます。宗教戦争をせずに、大調和、一切和合の心をもってゆるすのです。

オオクニヌシを祀る出雲大社は40数メートルもの高さの神殿があったことが、考古学によって明らかになっていますが、この出雲大社がアマテラスを祀る伊勢神宮よりも大きいのはその名残です。

「シラス」国は、どこまでも和する世界。戦争をせずに、国家を統一、そして建国するという奇跡の国。宗教戦争がなかった奇跡の国、それが、日本です。


伊勢神宮は、外宮を参ってから内宮を参るのが正式な順序と伝えられているのですが、それは一体どうしてでしょうか?

内宮に祀られているのは、天皇のご先祖様であり、最高神と讃えられる太陽神のアマテラス。まずはそこにお参りしてから他を参るのが、筋というものではないでしょうか。


外宮に祀られている神は豊受大神といって、丹後に祀られていた神を、アマテラスの食事を司るという理由で伊勢に移したことになっています。

私は、外宮に祀られているのは、日本建国以前に全国各地にあった国々に祀られていた神様だと感じています。

日本が統一されて、大和国が出来上がってゆくということは、天皇のシラス統治が広がってゆくということでもあります。それぞれの国々の神は、外宮に祀られて、大切にされていったのでしょう。

だからこそ、アマテラスに参る前に、ずっと昔から大切にされていた神々をお参りしてください、というやまとのこころだと思えるのです。

日本が日本であるための大切な始まりである国譲りの神話は、「シラス」国の在り方を私たちに知らせてくれます。

天上界から地上に神が降り立つとき

アマテラスは、天が願う愛の国の完成のために、自らの孫であるニニギを地上に降臨させ、瑞穂の国の民たちと共に心合わせるように命じます。

統治しなさい。

シラスのです。

幸せでいなさい。

そのような祈りをもって国造りを願われたヤマトです。「天の願いを地上に顕す」ということこそが、我が国の建国の発心だったのです。

アマテラスは、ニニギを降臨させる前に三つのことをお命じになりました。

三種の神器

斎庭《ゆにわ》の稲穂

天壌無窮《てんじょうむきゅう》の神勅

この天照大神の三大神勅は、忘れてはならない日本建国の背骨です。

まず、「三種の神器」。「八咫《やた》の鏡」は、アマテラスが天岩戸にお隠れになったときにアマテラスの姿を映した鏡です。アマテラスの魂が宿っている鏡を祀り、つながるように……。

第二には、天岩戸からアマテラスを招き出した八坂の勾玉。そして、第三に雨の村雲の剣。アマテラスの弟、スサノオが八岐大蛇《やまたのおろち》の尾から取り出した剣です。困難に出会ったら、この剣を見て勇気を奮い起こすようにと賜ったこの剣は、後にヤマトタケルがこの剣を使い焼津で草をなぎ払い、炎の海から逃れたことから、草薙の剣と呼ばれるようになります。

そして、この三つの宝物は、今も天皇の御位のしるしとして受け継がれていま す。

いまなお、八咫の鏡は伊勢神宮内宮に、八坂の勾玉は皇室に、そして、草薙の剣は熱田神宮に祀られているのです。

次に、「斎庭の稲穂」には、国民を飢えさせてはならないというアマテラスの祈りが込められています。葦原を「瑞穂の国」に開拓して、暮らしをたてなさい。稲作によって、国を豊かにしてゆくのですよという神勅なのです。

「イネ」とはヤマトの音霊で「いのちの根っこ」という意味でもあります。ヤマト人のいのちの根っこが「稲」であることを知るとき、伊勢神宮でのお祭りの尊さ、皇居で天皇陛下ご自身がお手植えされている稲のありがたみが分かります。

そして、「天壌無窮の神勅」です。これこそが、日本建国の原点であり、天の願いといえましょうか。

「豊葦原の千五百秋の瑞穂の国は、吾が子孫の君たるべき国なり。皇ゆきてしらせ。幸くませ。天つひつぎの栄えまさんこと、まさに天つちとともに窮まりなかるべし」

三島由紀夫は生前、この天壌無窮の神勅を、日本人にとってなによりも大切なものなのだと言いました。天照大神の祈りでもある天壌無窮の神勅を、いまの言葉にするとこういう意味になります。

「豊かな葦原である、我が両親が生みだした国は、秋になると瑞穂がたわわに実る、私の子孫が治めるべき国です。さあ、皇孫であるニニギよ、行ってシラス国にしてきなさい。そして、幸せでいなさい。我が子孫と、国民が和をもって瑞穂の国を治めてゆくなら、私の国は宇宙が存在する限り、地球がある限り栄えてゆくでしょう」

天照大神のこの祈りに支えられて、日本が生まれ、そして続いてきたことを知るとき、私たちの中に脈々と流れるヤマトの血潮が熱くなるのを感じずにはいられません。

この宇宙創造のエネルギーは「絶対善」の光です。そして、この地上界にも光の国を創造したいと願われた神の御心を実現するために、私たちは、神の分け御魂をいただいてこの世にやってきました。

先祖から脈々と流れるヤマト建国の想いこそ、光の国を地上に実現する日本の神話の根っこであり、命なのです。

さて、天孫降臨の場面を竹田恒泰氏の『現代語訳古事記』より引用します。

「瓊瓊杵命《ににぎのみこと》は天之石位《あめのいわくら》（高天原にある石の御座）をお離れになり、天の八重にたなびく雲を押し分けて、道をかき分けかき分けて、天の浮橋にうきじまり、そり立たせて（ここは難解とされています）、筑紫の日向の高千穂の、くじふる嶺に天降りあそばされました。

……中略……

そこでニニギノミコトは「ここは韓国に向かい、笠沙之岬に道が通じていて、朝日がまっすぐに射す国、夕日の日が照る国である。だから、この地域はとてもよい地だ」と仰せになって、地の底に届くほど深く穴を掘って、太い宮の柱を立て、高天原に届くほど高く千木を立てて、そこにお住みになりました。

このようにして、天照大神の孫が、葦原中国を治めるために、高天原から降っていらっしゃいました。これが天孫降臨です」

天上界から地上に神が降り立つという場面は、まさに神話のクライマックスともいえるでしょう。

神話というものは、それが事実かどうかという問題ではないのです。ニニギノミコトが実在したかどうかは、誰にも分からないことです。

それを天から人がやって来たからと言って、わざわざ宇宙人だと解釈する必要もないでしょう。たとえ話でなければ伝えられないことが、そこには必ずあるはずなのですから。

神話において大切なことは、その物語に込められた真実を受け止めることです。そこには、言葉では決して届けることのできない、先祖から子孫に対する魂を込めた祈りがあるのです。

聖書の国で、アダムが架空の存在だなどと言えば大変なことになります。アブラハムも、ノアも、モーセも常に人生の中でともにある存在なのです。

神話でも、聖書でも、分からないところがあれば、カッコに入れて飛ばして読めばよいのです。分からないことは分からないまま読み進め、頭で考えられる理屈理論を超えたところで、そこに込められた真実とご先祖様からの祈りを感じ、受け止めたいと私は願うのです。

日本は、地上での権力闘争や、武力による制圧、支配でつくられた国ではなく、和をもって統治される国であり、その中心には天孫の系譜である皇《すめら》がおられる唯一の国なのです。

建国以来、2677年続く世界で最古の国日本。もしも、建国の理念や、天皇が間違ったものであったとすれば、とうの昔になくなっているはずです。日本が最も長く続いているのは、決して偶然などではなく、日本がいい国であり、天の願いに沿った、まさに神国だからなのです。

天孫を中心に仰ぐ美しい国、それが日本、私たちの国です。

地上世界を「知る」

こうしてニニギは天孫降臨し、南九州にやってきました。ところが、ニニギは初代天皇となっていません。ニニギの曾孫であるカムヤマトイワレヒコが、初代天皇・神武となっています。

どうしてアマテラスの孫のニニギは、シラス国をうちたてて、初代天皇とならなかったのでしょう。

ウシハク国造りであれば、戦い、征服したのかもしれません。しかし「シラス」とは「知る」の丁寧語です。アマテラスの子孫が「お知りになる」国なのです。天から降臨したニニギが、すぐにすべてを知ることはできません。

それゆえ、まず知らなければならなかったのです。

人が人を愛するためにも、まず相手のことを知らなければ何も始まりません。天上界からやってきたアマテラスの孫も、まず地上世界を「知る」ことから始めました。

神話は、そんな神の愛を物語ってくれるのです。

古事記は、こう進みます。

ある日、ニニギノミコトは、笠沙の岬で麗しい娘に出会いました。娘を見初めたニニギノミコトは「あなたは誰の娘か」とお尋ねになります。娘は「大山津見神《おおやまづみのかみ》の娘で神阿多都比売、またの名を木花咲耶姫《このはなさくやひめ》神ともうします」と答え、ニニギノミコトが兄弟についてお尋ねになると「姉の石長比売《いわながひめ》がおります」と申し上げました。

大山津見神は、山ノ神です。日本を上空から見るとき、平地よりも圧倒的に多いのが隆々たる山々です。ニニギは、日本を知るにはまず山の神と縁を結ぶのが良いだろうと考えたのでしょう。

そこでニニギノミコトが「私はあなたと結婚したいと思うが、どうか」とお尋ねになると「私から申し上げるわけには参りません。父の大山津見神が申し上げるでしょう」と答えました。

ニニギノミコトは早速、その父の大山津見神のところに使いをやると、大山津見神は大いに喜び、木花咲耶姫神に姉の石長比売を添えて、たくさんの嫁入り道具をもたせて送り出しました。古代では、結婚は家同士の結びつきなので、一人の男性に姉妹が同時に嫁ぐ姉妹婚はよく行われていたのです。

ところが、容姿端麗な木花咲耶姫神に対し、姉の石長比売はとても醜かったのです。

初めて会ったニニギノミコトはその醜さに驚き恐れ、その日のうちに石長比売を実家にお返しになりました。そしてその晩、妹の木花咲耶姫神だけを留まらせ、交わりました。

姉妹を送り出した父の大山津見神は、石長比売だけが送り返されてきたので、大きく恥じ、次のように言いました。

「私が二人の娘を並べて差し出したのは、石長比売を側においていただければ、天つ神の子の命は、雪が降り、風が吹いたとしても、常に石のように変わらず動きませぬように、また、木花咲耶姫神を側においていただければ、木の花が咲くように栄えますようにと、願をかけて送り出したからです。このように石長比売をお返しになり、木花咲耶姫神ひとりを留めたのですから、今後、天つ御子の命は、桜の花のようにもろくはかないものになるでしょう」。

これ以来今に至るまで、天皇の御命は限りあるものとなり、寿命が与えられて短いものとなったのです。

元来神々には寿命がありませんでした。

火傷でお亡くなりになったイザナミの神のように、事故で黄泉の国に旅立たれる神はありましたが、寿命で亡くなることはありませんでした。

ところが、神と人間が交わって、寿命ができたと古事記には書かれているのです。

旧約聖書にもアダムの系図があります。

９００歳以上も生きた人たちは、もしかすると人間ではなかったのかもしれません。天からやってこられた人たちだったのでしょうか。

創世記６章にはこんな一節もあります。

「人が地のおもてにふえ始めて、娘たちが彼らに生まれた時、神の子たちは人の娘たちの美しいのを見て、自分の好むものを妻にめとった。

そこで主は言われた。『私の霊はながく人の中にとどまらない。彼は肉にすぎないのだ。しかし、彼の年は１２０年であろう』

そのころ、またその後にも、地にネピリムがいた。これは神の子たちが人の娘たちのところにはいって、娘たちに産ませたものである。彼らは昔の有志であり、有名な人々であった」

神の子が人の娘と結婚するというエピソードは、ニニギノミコトの物語と一致します。人の寿命が120年であることも書かれています。

聖書と古事記、私には時に同じ気配が感じられます。しかし、不思議は詮索しないでおきましょう。

建国の理念「八紘一宇」

天孫であるニニギは、まずもっとも多くの陸地を支配する山の神、大山津見神と関係を持つことから始め、ニニギの息子、火遠理《ほおり》はワダツミの神、すなわち海の神と縁を結びます。

山と海の神との縁を結び、地上界のことを「お知りになった」ので、いよいよ火遠理の孫、ヤマトイワレビコは神話の里、南九州から東へと向かうのです。

古事記は「しらす」世界の完成のために、いかに我らの先祖が努力してくれたのか、いくつものたとえ話を通じて、今に伝えてくれています。そこには、どんなに時代が変わっても決して変わらない本当のことがあるのです。

ニニギの曽孫にあたるカムヤマトイワレビコは、兄の五瀬を擁して日向から東へと上って行きます。飛鳥で強大な権力を持つニギハヤヒ、そして長髄彦《ながすねひこ》を平定するため、高千穂を発ち、宮崎は美々津から船団を仕立てて出航するのです。

数百の兵士を乗せて行くため、20隻の船を作らなければなりません。このためイワレビコ一行はしばらく美々津に滞在しました。そして、いよいよ出航となった時、当初は昼間に出航予定していたのですが、良い風が吹いているうちにということで、明け方の出航となったのです。

ミカドに召し上がっていただく食事をつくる時間がなく、美々津の里の人たちはあわてて米の粉と煮た小豆を混ぜて蒸した団子を差し上げたと伝えられ、この「お船出団子」は、今も美々津の名物となっています。

私が訪ねたとき、美々津の皆さんが「お船出の歌」を歌いながら「お船出団子」を作ってくださいました。古の神話の香りがする、懐かしい味でした。

さあ、イワレビコさまが出発なさる。里の人たちは、ミカドの出発を見送るため、早朝まだ寝入っている家々の戸を叩き「起きよ！　起きよ！」と起こして回りました。

今でも美々津では、旧暦の8月1日に「起きよ祭り」が行われ、早朝に子どもたちが家々の戸を叩き「起きよ！　起きよ！」と起こして回ります。

また、港へ向かうイワレビコの着物の裾がほつれていて、里の女はお直ししたいのですが、急いで出発するため時間がありません。そこで、ミカドは立ったままの状態で縫ってほつれを直したと伝えられています。美々津にはそんな言われの残る「立ち縫いの里」という場所があります。

神話の里では、こうして忘れてはならない日本の大切なことが、伝え続けられているのですね。

さて、こうして海に出たイワレビコ一行は、瀬戸内海を通り播磨灘、明石海峡と困難な船旅を続け、ついに大阪、河内につきます。ところが、皇軍が上陸しようとすると、強力な長髄彦の軍団に攻撃され、撤退を余儀なくされます。

しかも、その戦いで、イワレビコの兄、五瀬は戦死します。イワレビコは嘆き悲しみ、自らを反省するのです。

太陽神、天照の子孫であるのに太陽に向かう進路をとって攻めようとしたのが間違いだった。紀州を大回りし、熊野から上陸して奈良に入り、太陽を背中に受けて長髄彦の軍団と戦わねばならないとイワレビコは悟ります。

航路を変えて、紀州は熊野に上陸したイワレビコは、巨大な磐座で祈ります。雄叫びの祈りをして、天照に誓うのです。

「いよいよこれから長髄彦との戦いに向かいます。天照さま、どうぞ天上界からのご支援よろしくお願いします。民を一つにまとめあげ、神が願うような国を建国します」

するとと天から神の霊が注がれ、イワレビコは霊的な人に変えられるのです。

この場面は、聖書のこんな一節を思い起こさせます。

「そのときイエスは、ガリラヤを出てヨルダン川に現れ、ヨハネのところにきて、バプテスマを受けようとされた。ところがヨハネは、それを思いとどまらせようとして言った、「わたしこそあなたからバプテスマを受けるはずですのに、あなたがわたしのところにおいでになるのですか」。

しかし、イエスは答えて言われた、「今は受けさせてもらいたい。このように、すべての正しいことを成就するのは、われわれにふさわしいことである」。そこでヨハネはイエスの言われるとおりにした。

イエスはバプテスマを受けるとすぐ、水から上がられた。すると、見よ、天が開け、神の御霊がはとのように自分の上に下ってくるのを、ごらんになった。

また天から声があって言った、「これはわたしの愛する子、わたしの心にかなう者である」。（マタイによる福音書）

イエス・キリストと呼ばれた30歳のユダヤの青年に注がれた聖なる霊が、人を新たに霊的人類へと変えました。その後、誕生日が西暦として刻まれるようになったほどの彼の歩みは、聖書に詳しく書かれています。わずか３年の伝道活動は、人類の歴史を大きく変えるものでした。

イエスの弟子たちも、迫害者だったパウロも霊の注ぎをうけて、次々と霊的人類へと進化してゆきます。

この天地を創造したのは、全人類共通の偉大なるエネルギーです。ユダヤの神や、ヤマトの神々が別々にいて、人類を生み出したわけではありません。本居宣長が「天地は一枚なれば、日本も外国も同一天地の内にあるので、別々にあるものではない」と言ったとおりです。

イワレビコの霊的な転換が行われなければ、彼は初代天皇「神武」として即位することはなかったでしょう。そして、１２５代続く天皇は生まれなかったに違いありません。

イワレビコの霊的転換が我が国建国、「シラス」国の誕生に大きな意味を持つのです。歴代天皇も霊的転換をして、人から天皇へ進化されてゆくのですから。

この場所は、和歌山の新宮でゴトビキ岩と呼ばれる、イワレビコが雄叫びの祈りをした巨石を御神体とし、天照大神を祀る神倉神社となりました。

神の霊に満たされて、道無き道を進むイワレビコの一行に、神はヤタガラスを遣わし、道案内をさせました。そして、いよいよ敵陣にたどりついたイワレビコは、最後の決戦に臨む前に天照大神を祀り、祈りに祈ったのでした。

長髄彦は強く、苦しい戦いになりました。イワレビコは最後には武器を投げ捨てて雄叫びの祈りをします。

「これは天が願った国を、この地上に建国するための戦だ。天照大神の願いを実現するための戦いである限り、ウシハク者たちに敗れるわけにはいかない。神よ、我を助け給え！」

そのとき空が一面にわかに掻き曇り、雲の切れ間から一条の光が射します。その光とともに金色の鳶が飛んできて、イワレビコの弓に止まると燦然と輝きだしたではありませんか。長髄彦の兵士たちは、そのあまりの神々しさに畏れ、ひれ伏し、かくして血ぬらずして戦いは終わったのでした。

こうしてイワレビコは、橿原に宮を築き、天照大神から受け継いできた三種の神器を祀りました。そして、即位して初代、神武天皇となったのです。

イワレビコは建国宣言します。

キリスト紀元前６６０年前の２月11日のことです。この日はいまも建国記念の日として残されています。

これほどまでに貴《とうと》い建国の物語を持つ国が、世界のどこにあるでしょうか。私は、この場面を心に描く度に、日本に対する誇り高い思いが湧きあがってきてなりません。

神武天皇はアマテラスが願ったシラス国の建国に際し、その理念を「八紘一宇」という言葉で表しました。

八紘一宇とは、「人類は同じ屋根の下に暮らす家族なのだ」という壮大な神の愛を表す言葉です。

家族において、家長が家族から搾取するなどということは考えられません。一番強い者が、見返りを求めることなく弱い者のために働く制度を家族というのです。

我が国の家長である天皇は、国民を搾取する王ではなく、神の国をこの地上に表そうと願った天照大神、それを成し遂げ「しらす」国の建国宣言をした神武天皇の祈りを受け継ぐ大祭司なのです。

「ウシハク」国は弱肉強食です。強い国が弱い国を搾取し虐げます。力によって無理を通し、道理を退けます。目的を達した者が正義なのです。

天照大神は天壌無窮の神勅で、「もしも戦うこととなっても、滅ぼしたり支配したりしてはならない。大きな調和を持った「シラス」心で統治するように」とお命じになっています。

「八紘一宇」とは、この天の想いを地上に現すための理念であり、国が乱れた時にはこの理念に立ち返ることで、祖先たちは我が国を守り支えてきたのです。

決して変わらない真実を知ること

あなたは日本がいつできたのか知っていますか。

あなたは日本を建国したのは誰か知っていますか。

この質問を日本の高校生に投げかけたところ、答えられたのは３％未満だというから驚きです。でも、あなたはどうでしょうか。同じ質問にきちんと答えられたでしょうか。

そもそも、なにかが存在するということは、すなわちそれを創造した存在があるということです。「ある」ということは、「造られた」ということと同じ意味だと言ってもいいでしょう。シンプルな、当たり前のことです。

同じように、私がここに「ある」ということも、私が何者かに造られた存在であるということです。人間には髪の毛一本も作ることはできないけれど、その人間を造った巨きな力があることを知らなければなりません。

日本という国があるということは、建国した人がいるということです。

そして、建国の父は、私たちのお父さんでもあります。その国に生まれた私たちは子供たち、そう、同じ家に住む家族なのです。

現在、国連に加盟している国は、193カ国だといいます。どの国でも、子供たちに最初に教えるのは読み書きですが、同時に祖国の成り立ちを教えます。家族が家族であるためには、「わが家の歴史」を共有することが絶対条件です。

同様に、民族が民族であるためには「国史」を共有することからすべてが始まります。わずか一国を除き、どの国も国史を共有することから始まるのです。

国史の始まりは、神話、そして建国の物語にほかなりません。

２６７６年前の2月11日、奈良の橿原でイワレビコは建国宣言し、初代天皇「神武」となりました。

これが我が国の建国物語です。世界中どの国でも当たり前に教えられている、建国の歴史です。なんと、米国の中学の歴史教科書には日本の建国の物語が書かれています。世界で最も古くから続いている国家への敬意を込めて。

世界で最も歴史のある日本。

その日本で、建国の歴史、神話、天皇のことを教えられなくなってついに70年が過ぎました。祖国に誇りを持てなくなった人々は、いつしか自分を粗末に扱うようになりました。

毎年3万人もの人々が自殺するようになりました。自分を愛せなくなってしまったのでしょうか。

自分の生まれた国をバカにしているうちに、自分に対する誇りをも持てなくなってしまうのかもしれません。祖国を愛することも教えられず、どうして自分を愛することができるのでしょうか。

それでも、自殺を減らそうというキャンペーンがうたれ、数字は減りました。新聞では、昨年の自殺者が2万2千人を切ったと書いていました。

しかし、実はその間に「遺書がないものは自殺にカウントしない」というルールができていて、自殺者の数は減ったのですが、遺書のない「不審死」は、なんと年間に15万人にものぼるというのです。

ユダヤの友にこんなことを言われたことがあります。

「ミスター赤塚、日本のような危険な国にお前はよく平気で住んでいるな」

驚く私に、彼はこう続けました。

「どうして、日本人は一年に何万人も自殺するんだい？　私たちの律法では、モーセが十戒で『殺すな』と言っている。その殺人のなかで最も罪が重いのが自分殺し、そう、自殺なんだ。だから、ユダヤ人は自殺しない。

それに、どうして日本では親が子を、子が親を、友達が友達を殺すんだ？　大切な同胞ではないのか。ユダヤ人は、どんなことをしても同胞は助け合う。お前の国は魂の戦争をしているのか？」

私は言葉を失いました。

「民族の歴史を失った民族は、例外なく滅びる」という歴史学者アーノルド・トゥインビーの言葉が、現実味を帯びて胸に迫ります。

どんなに時が流れても、どんなに時代が変わっても、決して変わらない真実を知ることからすべては始まるのです。

いまもなお生きている宮で

２０１６年5月26日伊勢のサミット。

伊勢神宮の境内で、あの神域を世界7カ国の首脳の皆さんが歩く姿。宇治橋で安倍総理が、首脳のお一人お一人をお迎えし、最後のオバマ氏と抱きあいながら宇治橋を渡って行くあのシーンを見た時、私は感動に震え、胸が詰まる想いがしました。


伊勢神宮の御垣内《みかきうち》で首脳たちがどんなふうに参拝されたかというのは、一切報道されていませんが、今回の祈りがどれほど重要な意味があったか、やがて歴史が証明してくれることでしょう。

神宮の鷹司大宮司は、6月6日の神社新報に、このようなコメントを出しておられます。

「各首脳には、神宮の凛とした空気に触れ、日本の精神文化を直に感じていただいたことはたいへん意義深いと存じます。

また、御神前では首脳各位が御垣内に進まれ、我が国の伝統にそった形で表敬いただいたことに対して深甚なる敬意を表します。これを機会に『自然』『平和』『祈り』が調和している日本の文化が、国際平和と発展に貢献できることを願います」

世界の首脳が伊勢神宮正式参拝をされました。

世界の首脳が、アマテラスに頭を下げたのです。

この瞬間、日本の伊勢が世界の伊勢になりました。

宗教の定義は、「教祖がいること」「教義があること」「経典があること」だと言われます。日本の神道はこのどれにも当てはまらないので、世界では宗教のカテゴリーに入らないのです。だからこそ、サミットで世界の首脳が集えたのかも知れません。

伊勢でサミットが行われたことが、私には実に象徴的な出来事と思えてならないのです。一切の宗教の枠を飛び越え、宗教戦争をしたことのない日本が、世界の灯明台となる。そんなヴィジョンが私に見えました。

世界中の多くの祈りの場が遺跡となっている中、神宮は神話のすべてを抱きながら2000年、そして今もなお生きている宮です。この宮にいよいよ光が当たり、その伊勢から世界へと風が吹いたということなのです。

このことの意味を、日本人は自覚しなければならないのではないでしょうか。

私は、伊勢の国に生まれ育ち、生かされてきましたが42歳まで神宮が伊勢にある意味も知らずに過ごしてきました。誰にも教えられなかったのです。

民族の歴史を知らないということは、その仲間ではないと気づかされたときから私は「日本人になりたい」と切望するようになりました。パスポートを持っていようと、市民権があろうと、国史を知らなければその民族ではないということをユダヤの民から知らされたからです。

46歳のとき、伊勢にある修養団の中山靖雄先生の導きで、伊勢神宮、神嘗祭に参列させていただきました。真夜中、天照大神にその年に採れた稲の初穂を捧げる、神宮で最も大切なお祭りでした。その夜の体感が、私の中に眠っていたやまとこころのスイッチをオンにしてくれたのです。

それ以来、「神話を体感する会」を主催したり、全国から海外から伊勢に集われる方々を正式参拝にお導きさせていただいたりもしてきました。

「やまとこころのキャンドルサービス」と名づけて、伊勢のこと、イスラエルを通して見えた日本のことを伝える講演会を、北海道から沖縄まで続けてきました。

日本人として生まれるということは、とても大きな使命があるはずなのです。世界で最も歴史あるシラス国の仲間として生かされるわけですから。

そして、そのシナリオは生まれる前から「聖なる約束」として一人ひとりが持っているはずです。

だから、思い出せばよい。

それが「やまとこころのキャンドルサービス」です。

私は、世界首脳サミットが伊勢で行われるように祈りました。安倍総理が開催地を発表されるまで、夜明け前に伊勢湾に入り禊ぎをして、「どうぞ、世界の首脳が伊勢に集いますように」とアマテラスにお願いしていました。

ついに、その願いが現実になったのです。

しかも、サミットの翌日には米国の大統領が広島を訪問するというではありませんか。私は感謝しました。キリストの神様に、ブッダに、八百万の神々に、魂の底から感謝しました。

そして同時に、もうこれで私の伝道師としての役割もきっとひと段落したのに違いないと思い、講演活動を終えようと決めたのです。

ところが、そんな自分の考えとは関係なく、私の願うことではない、私に願われていることが始まってゆきました。

ヤマトにとって大きな節目であった伊勢志摩サミットは、私にとっても、そしてすべてのヤマト人にとっても、終わりであり、始まりであったようです。

第2章

歴史に学ぶ やまとこころ

日本の危機を救った一人の人物

長い歴史の中で、日本は様々な外敵から、国が滅びるような国難にしばしば襲われました。

しかし、私たちの祖先たちは建国の理念を忘れることなく、やまとのこころをもって苦難を乗り越え、国を守りつないでくださいました。

ところがいま、そのつながりの先端にいるにもかかわらず、私たちはそのことを何一つ知りません。国の歴史を知るということは、自分の命が、どれほどの命のおかげでいまここに在るのかということを知るということなのです。

さて、661年のことですから、今から1300年以上前のことです。当時、海の向こうの朝鮮半島では、新羅が唐とむすんで百済を攻め込んでいました。

我が国は百済と深い関係があったことから、救いを求めてきた百済を救援に向かいます。唐・新羅の連合軍と戦うために兵を送ったのです。

我が軍が戦った相手は主に唐の水軍であり、戦場は朝鮮半島の西岸、白村江という河口のあたりでした。

海戦ですから、船と船との戦いとなりました。しかし、圧倒的な唐の軍事力の前に我が軍は敗北しました。海上に浮かぶ400隻の日本の船に火が放たれ、海面は日本兵の血で赤く染まったといいます。

完膚なきまでの敗北でした。

その白村江の敗戦のとき、一人の日本兵が捕虜になりました。日本書紀に記されている「大伴部博麻《おおともべのはかま》」です。

博麻は、当時福岡の一農民でした。それがある日突然兵士として戦いに行くよう命じられたのです。しかし、戦いに敗れて捕虜になった博麻は、唐の都である長安に連れてゆかれました。

長安で捕虜としての生活を送っていたある日、博麻は思いもよらない話を聞いてしまいます。

それは、唐が日本を侵略する準備を進めているという情報でした。我が国は白村江で大敗したばかりでしたから、この機に乗じて日本占領を計画したのでしょう。

博麻たち捕虜になった日本兵は、「大変なことになった。このことを何とかして日本に知らせなければ……」と思うのですが、捕虜の身ではどうにもなりません。そこで、博麻はなんと自分の身を奴隷として売って、それで得たお金で仲間を脱出させるのです。

白村江の戦いの後、天智天皇は敗戦から命をかけて日本を復興してくださいました。

そして、唐から帰ってきた者の情報から、外敵からの攻撃に備えて、国防のためのシステムを急ピッチで造り上げてゆきます。西日本各地に防衛のための設備をつくるのです。

壱岐、対馬、筑紫などに防人《さきもり》とよばれる兵士たちを置き、島々には敵が見えたら知らせる施設を作りました。これは、「烽《とぶひ》」と呼ばれ、煙を使って緊急事態を伝える通信手段です。

博多湾のそばの施設は内陸に移しました。博多に上陸されることも想定して水城を造り、万が一その城が突破される場合にも備えて大野城を築いたのです。

国の平安を守るために、国防をぬかりなくすることの大切さを史実は教えます。

結局、唐は国内の問題が起こったために、日本に攻撃をしてくることはありませんでしたが、後の元寇の際、天智天皇が造ったこの国防システムが日本を救うことになるのです。

ところで、博麻はその後どうなったのでしょう。

彼が自分を奴隷として売ってから28年の歳月が流れ、異国の地で消えてしまったかと思われた６９０年、博麻は奇跡的に帰国することができました。

どれほどの望郷の念にかられていたことでしょう。どんなに日本に帰りたかったことでしょう。

「日本書紀」には、博麻は我が国と国交を回復した新羅の外交官とともに日本に帰って来たと書かれています。50歳を超えていたのではないでしょうか。当時としては大変な高齢だったことでしょう。

当時は、インターネットもテレビも新聞もありませんでしたが、口伝えで国中の大ニュースになったのだと思います。天武天皇の皇后で６９０年に即位された女性天皇、持統天皇も大いに感激され、博麻に御言葉を賜っています。

「朕嘉厥尊朝愛国売己顕忠」、読みは「朕、厥の朝を尊び国を愛ひて己を売りて忠を顕すことを嘉ぶ」となり、いまの言葉にすると、「私は、日本を大切に想い、心から祖国を愛し、自分を奴隷に売ってでも国に対する忠誠を尽くしてくれたことを心から嬉しく思う」となります。

「愛国」という文字が、我が国の歴史の中で初めて登場した場面でもあります。

福岡県八女にある北川内公園には、大伴部博麻の記念碑があります。国を思う天皇、国を思う国民、ふたつの柱が、こうして日本という国を支えてきたのです。

白村江での敗戦から1300年の後、我が国は、大東亜の戦争に敗れました。日本の歴史上二度目の敗戦です。

大東亜戦争では310万人の国民が死に、国土が焦土となり、二発の原子爆弾を落とされるという未曽有の国難が降り注いだのでした。7年近くの占領統治をうけたのも、日本の歴史始まって以来のことです。

終戦後、昭和天皇は、天智天皇が祀られている近江神宮へ勅使を遣わしています。白村江の敗戦の後の復興をなさった天智天皇へ誓いをたてられた昭和天皇の御決心が伝わってきます。

行動と祈りが国を守る

1274年と1281年、二度にわたって元という国が日本に攻めてきました。

13世紀のはじめアジアからエジプトの近くまで広がる大帝国を打ち建てたチンギス・ハン、そしてその孫のフビライ・ハンは現在の北京を都とし、国を「元」と名付け、朝鮮半島の高麗を支配します。

そして高麗の使者を先導として、鎌倉幕府に対し、元に服従するよう使者を送ってきたのです。

執権の北条時宗はこの時17歳、誇り高きサムライは元の申し出は無礼千万と、使者を切り捨ててしまいます。

これに怒ったフビライは、４万の兵と９００隻の船で襲来し、対馬、壱岐を占領しました。住民を虐殺し、日本軍が弓矢を放てないようにするために、女性たちの手首に針金を通して生きたまま船首に吊るしたといいます。

そのうえ、元の「てつはう」という爆薬や毒矢での集団戦法に対し、鎌倉武士は馬に乗って一騎打ちという戦法です。

攻め込まれ、後退させられる日本軍。しかし、元軍がひとまず船に戻ったところ、それに合わせるかのように暴風雨が博多湾を襲います。大被害をこうむった元の軍勢は、退却を余儀なくされたのです。

その後、鎌倉幕府は国防を強化し、博多湾に面する海岸線に高さ3メートル、長さなんと40㎞にわたる石の堤防を築きます。

第一次元寇、すなわち「文永の役」から7年後の弘安4年夏（1281年）、今度は10万を超える元の軍勢が、九州北部を目指して襲撃してきました。ところが、元の軍勢は容易には上陸できませんでした。国防のために幕府が築いた石の堤防が、阻んだのです。

その行動に、亀山上皇の祈りが重なります。

天皇は、全国におふれを出します。

「国難ここにあり、全国民心を合わせて日本を守るため祈れ」

また、伊勢に勅使を走らせて神宮に直筆の祈願文を捧げています。神宮に亀山上皇からの手紙が残っています。そこには、こう書かれています。

「我が身にかえて国難を救いたい」

国家存亡の危機のとき、我が身を国家のために投げ出して日本を守ってくださるのが天皇です。それがアマテラスの子孫の姿です。かたじけなさに涙こぼれます。亀山上皇の御心を受けた神官たちが伊勢神宮で祈っていると、風日祈宮から茜色の雲が巻き上がり西の空に飛んだという記述が残されています。

やがてそれが博多湾にゆき、「神風」として元の船を葬り去ったというのです。以来、伊勢は神風の国と呼ばれるようにもなりました。

博多湾に築いた石の堤防で上陸を阻み、夜襲をかけ、敵船に乗り込み攻めたあげく、船に火を放ち引き上げる作戦の最中、再び暴風雨が襲い、元軍は４分の３の軍勢を失って敗走しました。

これが元寇です。

ところで、福岡の志賀町には元寇で戦死した使者を弔う「蒙古軍の供養塔」があります。

日本人に対してむごい殺害をし、日本を征服するためにやってきた敵軍の死者であっても、亡くなれば敵味方なし、これがやまとのこころなのです。

キリスト教、カトリックのウシハク世界

天皇と国民とが心を合わせ、国を守るために祈るとき、天が応え、我が国は護られてきました。

しかし、その一方で、ウシハク国々に世界中の有色人種の国々が次々に植民地として支配されてゆきます。アフリカでは、人間が動物以下の存在として扱われ、奴

隷として世界中に送られてゆくのです。

力による支配が世界に広がり、世界はウシハク世界になってゆきつつありました。

それを支えたのは「キリスト教」という、イエスの生き方とは似ても似つかぬ恐ろしい宗教団体でした。支配者に都合のよい教えとして聖書を利用したのがキリスト教という宗教なのです。

神の名のもとに、自分たちだけが特別だと決めつけ、有色人種を徹底的に差別した、ウシハク世界の台頭が続いてゆきます。

武田信玄と上杉謙信が川中島の合戦をする60年ほど前、ポルトガルとスペインは両国で地球を二分割して統治するという、とんでもない取り決めをしています。

ポルトガル国王に命じられたヴァスコ・ダ・ガマはリスボンを出航、アフリカ南端の喜望峰を回ってインドに到達し、その航海で到達したすべての陸地を領土にする許可をローマ法王が与えているのです。

また、スペイン女王の援助を得て、コロンブスはスペインから西インド諸島、キューバ、そしてその後にアメリカ大陸に到達しました。

キリスト教の新興勢力プロテスタントに攻められたカトリックは、アジア、アフリカなどでの布教を強いられました。カトリックを広めるポルトガルとスペインは、アジア、アフリカ、南アメリカを征服し、貿易を独占し、原住民を奴隷にしてゆきました。

カトリックの世界では有色人種は動物以下の価値であり、キリストの名によって殺すことも許されていたのです。

1521年、祈りを中心としたシラス国であった中南米のアステカ帝国は、コルテス率いるスペイン軍に滅ぼされ、1532年、高度な文明をもったシラス国インカ帝国もピサロ率いるスペインに滅亡に追いやられました。

インカの王はスペイン軍に国内の金を差し出し、国民たちに手荒な真似をしないでもらいたいと懇願しました。
スペイン軍は、インカ帝国の王にキリスト教への改宗を迫ります。もしキリスト教に改宗しなければ、それぞれの足を馬に縛り付け、二頭の馬を逆方向に走らせて身体を裂く。キリスト教に改宗すれば、火あぶりにしてやるという恐ろしい条件だったのですが、結局王はキリスト教に改宗した上、焼き殺されることになりました。

一方、ブラジルに侵攻していったポルトガルは、すでに領土としていたアフリカから大量の奴隷を送り込み、過酷な労働を強いて、ブラジルを世界最大のサトウキビ畑にして利益を独占しました。

これがキリスト教、カトリックのウシハク世界なのです。

自らの手で独立を守った有色人種の国

このようにして、世界を二分しようとしていたキリスト教国、ポルトガルとスペインは、ちょうど豊臣秀吉が天下人だった時代に、日本をどちらのものにするかで激しく争っています。

支配の先達は、イエズス会という宣教部隊です。種子島に上陸したスペイン人のフランシスコ・ザビエルは、日本の人々をキリスト教に洗脳しようと早速活動を始めます。

川中島の合戦の４年前、１５４９年のことです。

種子島に上陸したザビエルは、島の人にキリスト教を説きます。キリスト教を信じ、洗礼を受ければ天国に行ける。しかし、そうでなければ地獄に落ちると宣教しました。

島の人々は興味深く聞き、地獄に落ちたら大変だと思わされます。

「キリストを信じたら天国、信じなかったら地獄なのか？」

そうだと答えるザビエルに、島の人は言いました。「信じたら救われるのか？　この教えを知らないものは地獄か？　俺の親やご先祖も地獄にいるのか？」

「そうだ、知らないものは地獄だ。お前はこの教えを知ったから救われるから、キリスト教徒になれ」と迫るザビエルに、島人は言いました。

「俺の死んだ両親は、こんな話、知らなかった。じいさんたちも、ご先祖も聞いたことなかったにちがいない。もし、俺だけが信じて救われるならそんなことはできない。俺だけひとり救われるくらいなら、俺もご先祖と同じところにいく」

ザビエルは、当時の日記に「日本での布教活動に挫折するかもしれない」と書き記しています。

シラス国の人々の心は、ウシハク国々の人には計り知れないほど、深く温かいものでした。自分はさておき、人の幸せを願う心こそ我が国の宝です。ときには自分の命を差し出してでも、公のために奉じるのがシラス国の民だったのです。

しかし、やがて宣教師に心をとらえられ、洗礼を受ける大名も現れました。美しい教えとうらはらに、カトリック教国のポルトガルとスペインの本当の狙いは日本を植民地にすることですから、着々と貿易と布教を推進してゆきます。キリシタン大名が教会に土地を寄進したり、キリスト教信者によって神社やお寺が焼かれたり、挙句の果てにはポルトガル商人が、日本人を奴隷として輸出し始めたのです。

1454年1月8日、ローマ教皇はポルトガル国王に対し、異教の国のすべての領土と富を奪い取り、その住民を終身奴隷にする権利を与えています。

徳富蘇峰《とくとみそほう》の『近世日本国民史　豊臣氏時代』にレオン・パゼーが記した「日本耶

蘇教史」の文書が引用されています。

「ポルトガルの商人はもちろん、その水夫らの賤しき者までも日本人を奴隷として買収して、携え去った。而してその奴隷の多くは船中にて死した。それは彼らを無闇に積み重ね、極めて混濁たるうちに篭居《ろうきょ》せしめ。而してその持ち主らが一たび病に罹るや、これらの奴隷には一切頓着なく、口を糊する食料さえも与えざる。水夫らは、彼らが買収したる日本の少女と淫蕩の生活をなし、あえて憚ることなく船中の自個の船室に少女らを連れ込む者さえあり。日本人少女は、ポルトガル人に使われていた黒人奴隷に買われるほど安く売られていた」

日本人奴隷は、なんと鎖に繋がれて家畜のように運ばれていったのです。

ルイス・フロイスの１５８８年の記録によると、薩摩軍が豊後で捕虜にした人々の一部は島原半島に連れて行かれ、時に40名がひとまとめにされて二束三文で売られたと記されています。

他の宗教とは一切共存できないのが、一神教のキリスト教です。

ウシハク為政者と結託し、ローマ教皇のお墨付きと圧倒的な武力を背景にして異教徒の国々を侵略し、異教徒を拉致して奴隷として売り飛ばし、その信仰と文化を徹底的に破壊していきました。

それにもかかわらず、いまの日本の教育は、この時代の我が国を、キリシタンを弾圧した野蛮な国であったかのごとく教えています。

キリスト教はウシハク世界の思想に乗っ取られた危険な宗教である。日本人の心根とは違う、日本を滅ぼすかもしれないものであると時の日本の為政者たちは感じ取りました。この直観力もヤマトの素晴らしさでしょう。

カトリックの宣教師たちは今に不満を持つ人々を巻き込み、「死んだらパライソ（パラダイス・天国）に行ける」と洗脳しました。

そうすることで、拷問されても虐殺されても、いや、迫害すればするほど燃えあがってゆく、危険な宗教となっていったのです。

まるでイスラムの自爆テロと同じようです。毒ガスを撒いて無差別殺人を実行した新興宗教のカルト集団よりも、はるかに恐ろしいキリスト教宣教師たちでした。唯一絶対の神を崇める宗教は、麻薬のような毒薬なのです。

これらのことを知った秀吉は激怒し、宣教師を追放する命令を出しました。知られていませんが、朝鮮出兵は、奴隷となって売られていった同胞を救出するための行動でもあったのです。

秀吉は、ローマカトリック、ポルトガルとスペインが南米でアステカ文明やインカ文明を滅ぼしたのと同様、日本を武力で制圧に来ると見ていました。

カトリックの理論によれば、救世主は野蛮の民をカトリックに改宗させ、霊魂を救済するように命じたのです。だから、宣教師は海外の布教地で尊ばれなければならないし、彼らの声に聞き従わない者に対する戦争は正当なものであるということになります。

キリスト教会は、異教徒をカトリックに改宗させることに抵抗し、宣教師を迫害するものを殺すことは「正義」だというお墨付きを出していました。これはすなわち、秀吉の宣教師追放令が、日本に対する正当な戦争の理由となるということです。

しかし、秀吉はスペインの頂点にいたフィリップ2世に対し、日本は一歩も引かず対抗すると書状を送りつけています。スペインが中国（明）を植民地化して日本に攻めてくると考えた秀吉は、300年前に元に攻めてこられた脅威と同じものを感じていたに違いありません。

1600年、関ヶ原の戦いで東軍が勝利し、1603年、徳川家康が征夷大将軍となります。その年から1867年の大政奉還、王政復古の大号令、そして1868年に明治が始まるまでの265年が、江戸時代と呼ばれる武家の時代でした。

キリスト教の仮面をかぶって征服に来る国々から守るため、日本は長崎の出島を唯一の世界との窓口にし、日本征服の意思を持たないオランダとの交易だけを認めました。

私たちは学校で、日本は鎖国をしていたから、世界の文明から取り残された、遅れた国だと教えられました。閉鎖的な江戸幕府は、野蛮な遅れたものであり、西洋文明はすばらしいものだった。だから、遅れた日本が、進んだ西洋の文明を取り入れるために頑張らなければならなかったのだと……。

とんでもない話です。

日本は、神話から繋がる天皇の国です。

この神話から繋がった、天の国を地上に降ろそうというこの美しい願いを持ったシラス国が、武力を持ったウシハク国にやって来られて征服されそうになりました。

そんな中、日本はシラス天皇を中心に抱き、天皇に任命された統治者が知恵のある政治をすることによって国を外敵から守り抜きました。そうして、唯一植民地支配されることなく自らの手で独立を守った有色人種の国、それが私たちの国、日本なのです。

キリスト教の嫌いなキリスト者

このように、私はキリスト教の嫌いなキリスト者です。

ウシハク世界を完成させるために使われた、カトリックというキリスト教は、イエス・キリストと呼ばれたひとりのユダヤ人、ヨシュア・ベン・ヨセフが伝えたものとは異質なものなのです。

イエス・キリストは宗教の教祖になろうとは微塵も思っていないし、教団を作ろうとしたのでもありません。

この宇宙を作り上げたエネルギーが「愛」であることを証して、「愛」とは何かを体現し、「愛」そのものとして生き抜いたのでした。

15年前、私は敬愛する鍵山秀三郎さんとともに、今は行くことのできないシリアのダマスカスというところに二度も行くことになりました。鍵山さんはイエローハットという会社の創業者として、またそれ以上に、掃除の神様として、世界中に知られている方です。

一度目に訪れた時、私はアナニアの教会でサウロ（後のパウロ）という人物のことを知ります。

パウロは、キリストの弟子どころか、ユダヤ教原理主義者パリサイ派のエリートで、イエスが殺された後、弟子たちを捕まえて牢獄に入れたり殺したりしていた迫害者でした。それが、「パウロの回心」と呼ばれる奇跡を経て異邦人へのキリストの教えの伝道を始め、それがローマに広がって世界宗教になっていったというのです。

私はそれまで、糸川英夫博士から旧約聖書の智慧を学ばせていただいてきましたが、聖書そのものやキリスト・イエスのことはほとんど知らず、ましてやパウロのことなど何も知りませんでした。

しかし、もしもパウロがいなければ、イエスが説いた福音は「ユダヤ教イエス派」といった、ガリラヤ地方の新興宗教として終わってしまっていたかもしれない……。そう思うと、パウロのことが心から離れなくなってしまいました。

彼についてもっと知りたい！

そう強く願わされた私は、キリストの幕屋の高橋先生に弟子入りし、パウロのこと、そして新約聖書をも学ぶこととなりました。

高橋先生は、キリストの幕屋でもパウロ研究では第一人者であり、パウロの如く生きてこられた方でした。高橋先生という伝道者が、この時ちょうど三重におられたということも、今になってみると、何かいきさつを超えた大きな力が働いているとしか思えないことです。

そして同じ年に、もう一度シリアに行きたいという鍵山さんとシリアのダマスカスに降り立った私は、ホテルの部屋で一人になった時に、自分で来ておきながら、どうしてこんなところまで来ているのだろうと思ったのです。

聖書も知らず、キリストの信仰も知らず、イスラエルに行ったことはあるものの、宗教からは一切無縁でいようと思って生きてきた人間なのに、私はどうしてこんなところにいるのだろう……。

ベッドの上で、ホテルの窓の外に見えるオレンジ色のライトを見ながら、そんなことをふと思った瞬間

「私が呼んだ」

声がしました。

誰もいないはずの、ホテルの一室で。

驚いた私は、「誰ですか」と尋ねました。

「パウロだ」

「なんですか？」

「お前はこれから私のようにキリストを伝えるのだ」

「無理です。私は聖書も読んでいないし、教会にも行ったことがありません。洗礼も受けていません。何も知らないのです」

「そのままのお前を使う。そのまま出てゆくのだ。どこに行くときも、いつも私が伴うから」

声はこれで途切れました。「声」とはいうけれど、これは言葉の会話ではないのです。胸のなかで包み紙を開くように、言葉がすっと出てくるのです。そして次の瞬間、私はベッドに突っ伏して号泣していました。悲しいから泣いているわけではないのです。嬉しいのでもありません。理由のない切なさと、懐かしさに涙が止まらないのです。

初めての体験でした。

そして私の人生は、それからすっかり変えられてしまったのです。

今では誰も信じてくれませんが、人の前で話すことが大嫌いな人間だったのが、それからの私はパウロが言った通りに、人前に出され、話をさせられる運命へと導かれてゆきます。

まるで目に見えない糸に操られるようにして、今日まで来たようにも思えるのです。

その頃の私はまだ聖書にもそれほど詳しくはなかったのですが、後に旧約聖書の「エレミヤ書」を読むと、こんなことが書かれていました。

エレミヤという人に、神様から言葉が届きます。預言者というのは言葉を預かる人なので、神の言葉を預かるのです。

「私はあなたをまだ母の胎に作らないさきに、あなたを知り、あなたがまだ生まれないさきに、あなたを聖別し、あなたを立てて万国の預言者とした」

「私はただの若者ですから、どのように生きていいか分かりません」

「あなたはただ若者にすぎないと言ってはならない。誰にでも、全て私が使わす人へ行き、あなたに命じることを皆語らなければならない。彼らを恐れてはならない。私があなたと共にいて、あなたを救うからである」

驚きました。私にパウロが言ったことと同じことが書かれているのです。こうして人は、神に呼び出されるものなのですね。

キリスト・イエスとの出逢い

それから、私は聖書を読むようになりました。

そして、ダマスカスでのパウロとの出逢いから5年後、エルサレムにある「園の墓」という、イエスが葬られたと言われる場所で、背後から、今度はイエスの声を聞いたのです。

私はそこで、イエスの幻を見ました。

イエスは西洋の人ではなく、ユダヤ人です。ユダヤ、今のイスラエルはアジアの西の端ですから、イエスはアジア人なのです。ですから、彼の様子は私たち日本人と本当によく似ています。

彼の教えが、パウロによってローマに伝わり、ローマから世界発信されたので、ローマの人たち、ヨーロッパの人たち、その人たちの文化と繋がっていって、彼は「イエス」とギリシャ語で呼ばれるようになりました。「キリスト」というのもギリシャ語で、「救い主」という意味です。

彼の本名はヨシュア・ベン・ヨセフといいます。ヨシュアは30歳までは大工をしていました。

大工として重機のない２０００年前に石積みの家を造っていたのですから、彼は教会に描かれているような弱々しい人間ではなく、屈強な体つきをしていました。身長は１７８センチくらい、髪の毛は少し灰色がかった茶色です。

彼は私にこう言いました。

「私はお前を知っている」

驚きました。しかし、威厳のある言葉は私を納得させるエネルギーに満ちていました。

「生まれたときからずっと知ってくださっていたのですか?」

私は、思わず聞き返しました。すると、

「それは違う。私はお前を生まれる前から知っている」

私は、言葉にできない懐かしさで胸がいっぱいになって、泣きました。そして、こう言いました。

「私が、あなたに何かお役に立てることはないでしょうか」

彼は言いました。

「それは、不要であり、不可能だ。私は、一方的に無条件にお前を愛している。
私がお前を愛しているのは、お前がお前だからだ」

私はそれまで、「愛のようなもの」を知っていましたが、それを得るためには常に理由が必要でした。言うことを聞くよい子なら、親は愛してくれる。だから、親に嫌われないように生きてきました。

ところが、お前がお前だから愛するという、一切の見返りを求めない「愛」を感じた瞬間に、私は生きているそのままの自分を承認することができたのです。

私は衝撃を受けました。そして、イエスの生涯というのは、2000年前にイスラエルで起きた不思議な話ではなく、今もありありと生きている実存の霊だということを悟りました。

それと同時に、パウロが私に言った、「キリストを伝える」というのは、このイエス・キリストについて事細かに話していくことではないということも分かりました。

イエスという人に満ちている霊、宇宙創造のエネルギー、宇宙開闢《かいびゃく》以来降り注いでいる、ありとあらゆる命を創ったこの大本の命、エネルギー、これについて証して伝えていくということだと知らされたのです。

パウロの本当の願い

私は聖書を読みますが、聖書の解説書は読みません。どんなに分からないときがあっても、誰かの解釈を求めません。

聖書は、誰かの頭を通った考えを知るための書ではないからです。聖書は神の霊の結晶であり、聖霊の愛です。「私」が読みたいように読む小説ではないと思っているのです。

ただじっと文章を見る。

何度も読む。

分かろうとして力を入れずに、全体を観る。

それがいつしか熟成し、ある時ふいに、それを書いた……いや、書かされた人物の想いが浮かびあがってきて、文章が動き出します。

すると、訳された日本語を超えて、聖書の向こう側から霊の香りが染みだしてくるのです。

この読み方はおすすめもしないし、実に非合理です。ただ、こうやって聖書に向かい合った10数年が、私を霊的に磨き上げてくれたし、深く考えたり、想像する力をささやかながらも育ててくれたと思うのです。

そして、イスラエルの現場に赴き、足の裏で読んだときに吹いた風が、聖書の源流に私をいざなってくれました。

聖書という人類最古の本が、旧約聖書は４０００年、新約聖書は２０００年もの間、世界中で読まれ、知らない人がいないウルトラスーパーベストセラーになり、しかも今もなお年間１０００万部売れ続けているのはなぜでしょうか。

そんなことが知りたくて、時折深く読んだり、しばらく触りもせず放りっぱなしにしてみたりしながら永い年月が過ぎ、そして私は気づきました。

それは、「これは宗教の本ではない」ということです。

人間がこの世に生まれた意味を、人を創った大いなるエネルギーが人の言葉として伝えた真理の書なのです。

イエスは言います。「一粒の麦、地に落ちて死なずば、ただ一粒にてあらん。もし死なば多くの実を結ぶべし」

人間は、一粒の麦の様なものです。この世に生きている限り、孤独な一粒の麦なのです。

生きたい、死にたくないとあがけばあがくほど、孤独は深まってゆくばかりです。しかし、死ぬことによって初めて大地に抱かれ、新たな命につながってゆけるし、実りをもたらすのです。

人が自分のために生き、自分を豊かにしようと自分のことばかり思い考えていたら、これほど空しいことはないでしょう。どんなに栄光栄華を手に入れても、どんなに上手に世を渡っていても、最後には死ぬだけです。

しかし、どうせ死ぬんだ、死んだら終わりだという唯物論の行く先は「虚無の闇」です。この虚無の闇から脱して光を生きる唯一の方法は、人のために生きることです。自分に死んで、新しい命を生きるのです。

聖書はそれを教えます。

人のために生き、利他の心で歩いているとき、命を次につなげることができます。そのとき、私たちはふいに命の意味を知るのでしょう。

ヨシュア・ベン・ヨセフという実在の一人のユダヤ人が、人間の生まれた意味をそのまま生き切り、ただ、他人の罪を背負って磔《はりつけ》になって死んでくださったという事実が、顕されたその計り知れぬ愛が、今も世界を動かしています。

彼の血統が大事だとか、実は磔になったのは弟で本人は日本の青森で死んだとか、そんなスキャンダルはなんの意味もない話です。

キリスト・イエスと呼ばれたヨシュアは、聖書など書いていませんし、ましてや戒律や教義や教理などとは無縁の男でした。ただ、12人の弟子たちとともに、3年間本当のことを伝え続けた真実の人でした。

聖書は、その人物のために書かれた本だと言えるのでしょう。

だから、その人を神のように崇め、教祖にして、宗教をつくってはなりません。真理が腐ると宗教になります。神の香りが、人間の臭いになってしまうのです。

唯一絶対の神……。それを造ったのは誰かという私の問いに宗教は答えてはくれませんでした。今では、それでいいと思っています。

分からないことはたくさんあります。いや、分かることの方がはるかに少ないと言って過言ではないでしょう。

私は、聖書を読むのに解説書は読みません。所詮、解説書を書いた人物も悩み多き、弱き人間です。そんな人の解釈聞いても仕方ありません。

聖書は頭で読むものでなく、御霊が感じるまで、聖書の方が語ってくれるまで静かに向き合うもの、それが聖書の読み方です。

そして、イエスのように人のために生きる姿を目指すのです。

キリストと呼ばれる実在の、あの33歳で殺されたユダヤ人が、私はたまらなく好きで好きでならないのです。だから、イエスとの対話は死ぬまで……、いや、死んでも続くことでしょう。たとえ、主がどこまでも「沈黙」されていたとしても。

私は、時にイエスやパウロをありありと感じながら様々な場所で語り、聖書を学び、イスラエルにも行き、深くユダヤの神話に触れてゆきました。
ところが、そうするにつれて、私には別のものが見えてきたのです。

それは日本です。

そして、そのことに気がついた時、古事記が私の中に流れ込んできました。
私は聖書と同じように古事記を読み始めました。原文が読めないので竹田恒泰先生の口語訳をそのように読みながら意味を汲んでいったのです。

そして、聖書を足の裏で読んできたように、古事記も足の裏で読んでみようと思いました。聖書が書かれた場所、イエスの、モーセのゆかりの地で聖書を読むとき、書かれたときの風景が立ち上がってくるのです。
だから、古事記も足の裏で読もうと、天孫降臨の地にも行きました。神武天皇お船出の地、美々津も歩きました。神武上陸の熊野、雄叫びの祈りをされたゴトビキ岩にも触れて、私も雄叫びの祈りをしました。

そうすると、不思議なものです。やはり古事記も風景が立ち上がってくるのです。

聖書と古事記から立ち上がる風景を感じ、イエスというキリストを感じれば感じるほど、私には、我が国の天皇陛下のお姿こそ生けるキリストだと思えるようになりました。

自分のために決めたり、行動されることを一切されない我が国の天皇陛下の大御心こそ聖書の命を顕すものであり、ヤマトこそが真のキリストの国だと私は静かに思っているのです。

私をキリスト・イエスに導きつないでくれたパウロは、私に伴ってこの16年歩いてきてくれました。

そのパウロが、いま私にこう言うのです。

「私は間違えていた。私がキリスト教を作ってしまった。私が作ったキリスト教が世界の道行きを誤らせた。私も許されたい」

驚くべきことです。

しかし、とうとうそこまでの時代が来たようです。日本人の私にパウロが語りかけた本当の願いとは、日本が大調和の世界を実現し、諸宗教和合、世界の灯明台となることだと私には思えるのです。

それは何かの輝かしい活動をしたり、運動をして争いを起こすことではありません。一人ひとりがヤマト人として目覚め、それぞれの持ち場で光を放つことなのです。

そして、この時代に日本を選んで生まれてきた私たちは、やまとこころの火を灯し、日本人として約束してきた志を果たして、いつの日にか帰るのです。

イエスやパウロ、そしてヤマトの先祖たちがともに待つ魂のふるさとへ。

第3章

やまとを復活させた教育勅語

明治維新とは文明の衝突

江戸時代が終わりを迎える頃、当時世界中の有色人種の国で植民地になっていなかった国は、タイなどの数カ国はありましたが、実質的に自らで独立を守っていたのは日本だけでした。

そんな日本をどんなことがあっても支配したいという、欧米の国たちが日本にやってきて、日本をウシハこうとしたのです。

ウシハク世界とシラス世界の、文明の衝突です。

8世紀から19世紀にかけて、アジア諸国は次々と欧米の植民地になってゆきます。

そして、ついに嘉永６（１８５３）年6月、日本に黒船がやってきました。科学技術と工業の進んだ西洋の文明がやってきたのです。これは、遅れていた日本に近代化という新しい波が押し寄せてきたのではなく、ヤマト人とは別の性格を有する文明の襲来であり、そこに生じたのは文明の衝突でした。

ヤマト人は、天の理を知り、目に見えない「美徳」を大切に生きてきました。森羅万象に神々が宿ると感じ、手を合わせ、八百万の神々とつながって西洋とは異なる原理のもとで独自の世界を開拓し、国家を運営してきたのです。

江戸時代は、日本独自の成熟した近代国家だったと言えましょう。

一方で、世界を動かすのは人間の「意志」であり、その手段は「力」であるというウシハク信仰が、西洋文明の原理です。

「意志と力の文明」である西洋と、「天の理と徳の文明」のシラス国であるヤマト人とが武力をもって対決すれば、力の文明が強者になることは火を見るより明らかでした。

そこで長州の志士、吉田松陰は立ち上がりました。

彼は、「海外の知識や軍事力を取り入れなければ国を滅ぼすことになる」と考えており、日本の国力を養った後、ヤマト人としての誇りを失わぬよう欧米諸国とも対等に関係を持つべきだと唱えました。

また、それと同時に、この国難に際し、徳川将軍は天皇に権力を返還しなければならない。そのために、まずは日本に押し入ってきた欧米人はいったん追い出さなければならないし、神聖なる天皇が本来果たすべき統治のお役を取り戻さなければならないと論じました。これが「尊皇攘夷」です。

「皇国に生まれて、皇国の皇国たる所以を知らずんば、何をもって天地に立たん」この心をもって「松下村塾」で若者の指導をした松陰でした。

しかし、「松下村塾」で吉田松陰が若者の指導をしたのはわずか1年あまりです。

「身はたとひ　武蔵の野辺に　朽ちぬとも　留め置かまし　大和魂」

この辞世の句を読み、松陰は29歳で処刑されました。

彼は、自分が願ったことは何もできませんでした。

海の外から来る力の国を知らなければ日本は滅びてしまう。だから、まず外の国を見なければならないと言って、松陰は黒船に忍び込み密航しようとまでしたのです。

しかし、結局捕えられ、送り返されて、首をはねられて殺されてしまいます。産みの苦しみの中、難産で死んでしまった母のような松陰でしたが、生まれた弟子たちは松陰の願いを叶える志士として立ち上がってゆきました。

松陰は、虚しい言葉や理想論を並べるのではなく、行動と血によって弟子を教育したのです。

松陰が死んでも、その志を受け継いだ弟子たちの命懸けの活躍によって、日本はやまとこころを失うことなく、シラス国でありながら相手方の強い力を取り入れわが力とするという驚くべき課題を引き受け、ヤマト民族の存続の道を歩みました。

一人の人の夢は、その人が死ねば消え去ってしまいますが、志というものはその人が死んでも継承されてゆくものであると、松陰は教えてくれました。

明治維新とは何と劇的なヤマト人の進化であったことでしょうか。

日本は王政復古、つまりふたたび天皇中心の近代国家として歩み始めます。ウシハク国々に日本は屈しませんでした。名もなき志士たちが、日本よ永遠なれと、自らの命を投げ出して日本を守ったのです。

ペリー来航の時、孝明天皇は23歳であらせられました。天皇中心の国体に戻る大転換、一切の国難を一身に背負われるようにして36歳の若さで崩御されたのでした。

そして、１８６７年2月13日、孝明天皇の死去から二週間後、14歳の睦仁殿下が皇位にのぼりました。明治天皇の誕生です。

若き天皇は、国家の立て直しに際して「王政復古の大号令」を発し、天皇の権力を回復し、将軍からは官職も領地も一切取り上げるという宣言をなされました。

この「大号令」は、「神武創業ノ始メ」に規範をとると、天皇が述べておられます。初代天皇の御心に戻ることこそやまとこころであり、神話に始まるヤマト人の魂に立ち返ることが何よりも肝心であると宣言されたのです。

この時、鎌倉幕府から676年にも及ぶ武士の世界が倒れたのですが、世界中どの国もこのような国家存亡の危機で滅びてゆきました。

ところが、日本においてはこの危機で王朝がよみがえったのです。城壁も石垣も堀も軍事力もない皇室が復活したのです。

第50代、桓武天皇から千年にわたって住まわれてきた京都御所から、東京の皇居に第122代の明治天皇が移られて新しい時代が始まります。

そして、明治天皇陛下は高天原と八百万の神々に向かって宣言なさいました。

一、広く会議を興し万機公論に決すべし
一、上下心を一にして盛んに経綸を行うべし

一、官武一途庶民に至る迄各その志を遂げ人心をして倦まさしめんことを要す
一、旧来の陋習を破り天地の公道に基づくべし
一、知識を世界に求め大いに皇基を振起すべし

これが五カ条の御誓文です。

明治維新とは、「日本建国の理念に立ち返る」ことと「文明開化」の二つの柱から始まりました。

「神武創業の始め」に立ち返ろう、神話を取り戻そうという明治天皇がいてくださったから、日本はシラス国としてのあるべき姿に戻れたのです。

真のヤマト人、楠木正成

この幕末から明治にかけての国難にあたり、愛国の志士たちは、国家の為、国民

のためには御自身の命をも差し出されようとされてきた天皇を崇敬し、天皇を中心に国民が和をもってまとまるという日本の国体を守りぬきました。

その志士たちが尊敬してやまなかった存在が、楠正成公です。

時は鎌倉時代、圧倒的な武力を誇る北条氏は朝廷を圧迫します。後鳥羽上皇は北条氏を討とうとするのですが、19万の大軍の前に朝廷は敗れ、北条氏は何と、天皇の首を切ろうとしたのです。

このとき、天皇を守るため5人の臣が申し出て捕えられます。5人は鎌倉に連行される途中、御殿場で斬首されました。

これが承久の変（1221年）で、その後幕府は後堀河天皇を立て、後鳥羽上皇を隠岐に島流しにします。そのうえ順徳上皇を佐渡に、土御門上皇を土佐に移してしまうのです。

日本の歴史始まって以来、天皇に背き、三上皇の配流という暴挙に出たのが北条氏の鎌倉幕府でした。

１３１８年に即位された後醍醐天皇は、国を立て直すために皇室に敵対する幕府を討つ計画を進められました。天皇に登用された北畠親房は「神皇正統記」にこう書いています。

「大日本は神国なり。天祖始めて基を開き、日神長く統を伝え給う。我国のみ此の事あり。異朝には其の類い無し」。

二度にわたる計画は失敗し、後醍醐天皇は都を逃れ山城の笠木山に遷られます。このとき、南に生える木の夢をみられます。「木が南に……木……南……、楠……。楠木氏が朕を救わんとするか！」と読み解き、河内金剛山の麓に住む楠木正成をお呼びになったのです。

元弘元（１３３１）年９月、直ちに天皇のもとに馳せ参じた楠木正成は、命をかけて天皇をお守りすると誓いました。

しかし、この月、天皇は幕府軍に捕えられ、隠岐に流されてしまいました。

正成は、勤皇の狼煙をあげます。天皇の御裾《みもすそ》をお清めするという意味を込めて菊水の旗を立て、赤坂城、千早城を舞台に幕府軍と戦うのです。

幕府軍20万、対する正成軍わずか５００。しかし、正成軍は城壁を登る敵に岩や大木を落としたり、油をかけて火をつけたり、頭脳戦で応戦します。

やがて、この正成の命がけの姿が、各地の武士の魂に火をつけるのです。多勢をもって苦戦している幕府の威信は落ち、各地から勤皇の武士が決起しはじめました。そして、元弘３（１３３３）年、後醍醐天皇が隠岐を脱出、伯耆の国（いまの鳥取県）の名和長年に迎えられると形成は一変します。

幕府側の足利尊氏が天皇の軍に参入、幕府の朝廷管理機関であった京都六波羅探題を5月7日に攻略。新田義貞も5月22日に鎌倉をおとし、ついに鎌倉幕府は滅亡しました。

後醍醐天皇は京に戻られ、年号を建武と改めて理想の朝廷政治を志されます。そのときの大御心の御製です。

「世治まり　民安かれと　祈るこそ　わが身につきぬ　おもひなりけれ」

「朕不徳あれば　天　予一人を罪すべし　黎民何の咎ありてか　この災いにあう」

ところが、武家政治を再興しその権力を握ろうと野心を燃やす足利尊氏によって、後醍醐天皇の皇子が鎌倉に幽閉され、建武２（１３３５）年７月には尊氏の弟、直義によって殺されてしまいます。そして、この10月、尊氏は鎌倉に入って朝廷に反旗をひるがえし、京都に攻めのぼってきたのです。

官軍はこれを防ぎますが、尊氏は一旦九州へと逃れて体制を立てなおし、今度は50万の軍勢を集めて反撃を開始します。

頭脳戦を得意とする正成は、尊氏の軍を京都に入れて兵糧攻めにし、一挙に潰す戦術を進言するのですが、面子にこだわる朝廷は、天皇を京から動かすことを受け入れません。

結局、正成は兵庫で尊氏を迎え撃つように命じられ、この時、正成は討ち死にを覚悟しました。

正成は、3800余りの兵を率い、京都と大阪の境の島本町、桜井に進み、正成は500、弟の正季《まさすえ》は200、合計700の決死隊を編成します。そして、あとの3000余りを11歳の息子、正行《まさつら》につけて金剛山に帰すのです。

これが有名な、「桜井の別れ」です。西国街道の桜井の駅址には、このときの親子の別れの像があります。

父と共に戦って死にたいと願う正行に、正成は最後まで後醍醐天皇に忠義を尽くす様、涙をぬぐって遺言するのです。

「今生では汝が顔を見んこと、これを限りと思うなり。正成すでに死すと聞きなば、天下は必ず尊氏の代に成りぬと心得べし。

されど命が助かりたいばかりに、長年の帝の御恩を忘れ、敵に降伏することあるべからず。金剛山の辺に引き籠って、敵寄り来たらば、帝への忠義を尽くし、命を捨てて正しいと信じた志のために戦い抜け。

これぞ汝の第一の孝行ならんと心得よ。

正成は、潔く湊川に討ち死にし、もって義を千年にとどめたい。もし後世に我が義に感じて勤皇の志士輩出し、完全に王政に復古するときが来たらば、その時こそ初めて正成の霊魂の慰められるときである」

正成も正行も、その場に居合わせた全員が涙を流し、親子は東西に別れました。

足利軍数万、神戸は湊川に攻めてきます。

官軍は、新田義貞が和田峠に陣を張り、正成は７００余で陣を張って迎え討ちました。激突は16度、朝から夕まで、楠木軍は73名までになっていました。

正成は、弟正季と向かい合い、こう言います。

「正季、人間は死ぬ瞬間の一念が最も大事という。今、お前は何を思っているか」

正季は、かんらからからと笑い、

「兄じゃ、ワシの今の願いは……七回までも人間に生まれ変わって、朝敵を滅ぼしたいということじゃ」

その言葉に、正成も心から嬉しく、

「人を滅ぼすということは、神仏の道からすると罪深い罪悪なれど、ワシも一緒じゃ」と言います。

兄弟は、互いに刺し違えて死にました。

正成43歳でした。正成兄弟が残した誓が語り継がれています。

「七回生まれ変わっても天皇を守ろう」

それが、「七生報国」です。

楠木正成、真のヤマト人。

尊皇の志士。

この熱が、明治維新のエネルギーへとつながっていったのです。

「文明開化」という「善悪を知る木の実」

明治時代というのは、とてもいい時代だったと思う人が多いのではないでしょうか。坂の上の雲を目指し、日本が世界の大国になっていくすばらしい時代のように思われているように思います。

ところが、実はこの教育勅語が出る前夜というのは、日本が滅びる寸前だったと言ってもよいかもしれないのです。

私たちが、歴史の教科書で学んだ「文明開化」といえば、皆こぞってハイカラな帽子をかぶり、西洋を真似て洋服のようなものを着て、鹿鳴館でダンスを踊って、西洋の文明に追い付け、追い越せというようなものでした。
また、当時の日本人は実際にヨーロッパに行き、物質文明である西洋の世界に触れて、あまりにも大きな違いに衝撃をうけます。物に溢れ、誰もが自分中心に物事をみているのです。
これでは日本は滅ぼされてしまう、日本も力つけなければならない。こうして日本は、富国強兵へとひたすら走っていった……というのですが、本当にそうだったのでしょうか。

明治維新の柱は「文明開化」と「神武創業の始め」の二つ、この両輪で進むというのが明治天皇のお考えでした。

もともとの「文明開化」とは、ウシハク世界の考え方を知るということです。欧米の考えですから、自分が中心で、自分の思いや願いを叶えることを「成功」とします。成功とは、「自分にとって価値ある目標を前もって設定し、段階を追って達成してゆくこと」と、定義してもよいでしょうか。

私というものが思い通りになること、私がうまくいくこと、つまり自己実現というのが、いわゆるウシハク世界の根っこと言っていいのかもしれません。

そんなウシハク文明の根本にあるのは、聖書の世界です。

旧約聖書・創世記にエデンの園から人が追放される場面があります。あるがままの世界で生きていた人類最初の二人、アダムとイブ。神は、エデンの園のどの木からでも取って食べてもいいが、園の中央にある「善悪を知る木」の実だけは食べてはならないと命じます。食べたら「死ぬ」というのです。

食べたら死ぬような危ないものを、どうして真ん中に置くのかと思うのですが、神話は事実である必要はありません。そこに込められた真実の中に、神の願いを読み取るものです。

蛇がやってきて、女に「食べても死なないから、食べたらいい」と言います。女がそれを見ると、それは食べるに良く、目には美しく、賢くなるには好ましいと思われ、女は取って食べ、男にも食べさせます。

すると、二人の目が開け、自分たちの裸であることがわかったので、いちじくの葉を腰に巻きました。

あるがままに生きていた人間が、あるがままに生きられなくなった瞬間、「自我」誕生です。この時人間に「私」という錯覚が生まれました。

女は食べたかったのです。神が「死ぬ」といい、蛇が「死なない」といったものを食べたのです。

では、「死」とはなんでしょう。蛇は「肉体の滅びること」を言ったのですが、神は「あるがままで生きられなくなること」を言いました。

「私」の誕生は、苦しみの発生でもあります。苦しみとは、「私について考えること」に他ならないからです。

神は、アダムとイブをエデンの園から追放し、男には労働を、女には産みの苦しみを罰として与えたとあります。労働も出産も罪だというのが、聖書の世界観なのです。

ところがシラス世界には、「自分さておき人さまに」という心があります。自分のことは後にして、まわりの人を楽にして差し上げる。ハタを楽にすることを「はたらく」と呼ぶようになりました。

一週間に一度休日が生まれたのは、６日で天地創造をした神が７日目に休まれたという創世記に由来します。聖書の世界観が入ってくるまで、日本では休みは盆と正月のみでした。はたらく喜びを世界中で一番知っている民族だったと言ってもいいでしょうか。

しかし、「文明開化」という「善悪を知る木の実」を食べてしまった日本。瞬く間に自分のことが最優先、自己実現こそが正義だというような風潮が生まれ、欧米のあり方が正しくて、日本は間違っているという人がどんどん増えてゆきました。

学校でも、立身出世が大切だと教えるようになってゆきます。自分の意見を主張し、自分が正しいと思ったことをどんどん成して、西洋に負けないようにするんですよと。

やがて、日本語を覚えるよりも英語を覚えなければならないと言い始める人が出てきました。日本語を廃止して、社内の公用語を英語にしようという会社も出てきました。

海外に負けないために、日本はどんどん欧米の真似をしなければならないといって、「文明開化」だけをやることになっていきました。古い日本はすべてダメだという風潮が加速していったのが、明治10年以降なのです。

日本を救うための決意

明治天皇は世界のあらゆることをご存じの、まさに「シラス」天皇でした。さらに、日本の歴史の中で、最も日本語を巧みに使われたと言っても過言ではなく、その人生の中で10万首もの後世に残るすばらしい和歌を詠まれています。

「目にみえぬ神の思いに通うこそ　ひとの心のまことなりけり」

開戦の時、昭和天皇が戦争反対ということを言えないお立場から、明治天皇が詠まれたこの和歌を二回朗唱されました。

「四方の海みなはらからと思う世に　など波風のたちさわぐらむ」

世界は同胞のはずなのに、どうしてこんなに波風が立ちさわぐのか、という明治天皇のこの和歌を二度繰り返し読まれるほどに、昭和天皇は戦争に反対されていました。それにもかかわらず、軍部は陛下に逆らい戦争に突入してゆきました。
この時には、政治には干渉しないという天皇のお立場ゆえの精一杯の御心さえ、国民には分からなくなってしまっていたのです。

天皇とは「シラス」方、すべてを一切お知りになったうえで、国の平和、国民の幸せを祈ってくださる大祭司です。

まず国民のことを知らなければならないので、全国に巡幸され、視察をされます。また、そのときどきの最高レベルの知識人から情報を得ます。

明治天皇は、あちこちの学校を見ている中で、道徳の授業がないことに気が付かれます。

また、小学校で、天皇陛下に対する挨拶を英語でスピーチする子どもがいたりしました。しかし、陛下が、「その言葉はどういう意味か」と問うても、意味を答えられないのです。

明治天皇は、大変憂います。

街でも農村でも漁師の村でも、子どもたちがこぞって高邁な精神を語り、学のない親をバカにするような風潮に対して、陛下は強い危機感をお持ちになるのです。

理屈ばかりが先走り、徳が失われてしまえば国家の背骨がゆがんでゆく。国の宝は、国民である。国民が愚かになってゆけば、国は崩壊してしまう……。

修身・道徳の教育などやっていると西洋に遅れるという風潮から、神話や建国の理念などはなおざりになっていました。西洋型の合理主義、唯物論的思考のはびこる中で、神話からつながる日本の国体に対する思いが「古臭いもの」にされてゆきました。

英語や経済、あるいは政治、民主主義や世界の情勢についての勉強を皆が求めました。道徳教育や修身などは、立身出世の競争の中で無駄なもののように思われていったのです。

明治天皇は「神武創業の始め」が無視され、「文明開化」ばかりに突っ走る日本に対して、明治天皇は深刻な危機感をもたれました。民族心が失われれば日本は滅びる。外圧には耐えられても、内部崩壊すれば国は滅び去ってしまう……。

日本人にとって一番大事なのは美徳、すなわち目に見えない徳です。この徳がなくなってしまえば、日本人は日本人ではなくなってしまうのです。

恐ろしいことに、日常会話も日本語をやめて英語にしようなどという流れすら出てきて、実際に文部大臣の森有礼は、国語を英語にすべしと主張しました。また、井上馨外相は背の低い日本人はどんどん白人と結婚して混血になるべしと平然と訴えていたのです。

国会議員の中にも、有識者のなかにも日本を失くしてしまおうという人々が次々と現れてきたのでした。

このままでは日本は滅びる。明治天皇のほかに、いまが国家の一大事だと本心から感じていた日本人はどれくらいいたでしょうか。

明治天皇はいまや危急存亡の時、なんとかしなければならないと考え、東京に都道府県の知事、（当時は地方長官と呼んでいた）を全員集め、日本の教育を今後どうするべきか、話し合わせたのです。

そして一週間話し合った結果、地方長官の代表はこのように明治天皇にご報告しました。

「もはや私たちには手を打ちようがありません。しかし、ただ一つ、天皇陛下自らが国民に語りかけてくだされば、国民は真摯に耳を傾けると思われます。天皇ご自身の御言葉を、勅語として出していただけませんでしょうか」

そこで、明治天皇は教育に関する勅語を出されることを決心なさいました。もうそれ以外に、日本を救う道はなかったということなのです。

大日本帝国憲法

この当時、日本は西洋の文明の波にさらされながら、西洋に合わせた様式を構築しなければならないということで、「憲法」を策定する作業が進められていました。

明治22年2月11日に公布され、翌23年11月29日に施行された大日本帝国憲法です。

聖徳太子が作った十七条憲法は、国民に対して発布されたものでしたが、大日本帝國憲法は世界標準の国になるためにつくられた、日本の国柄を世界に示すものでした。

しかし、憲法ができたことで、日本の国ができたわけではありません。それまで2000年以上、日本の国はあったのです。憲法が日本を守ったわけではなく、憲法などなくとも日本の国柄は守られてきました。

いま、憲法改正反対、賛成という論争が取りざたされていますが、憲法以前に2000年以上続いてきた日本の国柄があるのです。憲法よりもはるかに大切な日本の国柄に思いを寄せることを忘れてはなりません。

さて、日本の国とはどういう国なのかということを世界に示すのが、憲法の最初の条文です。世界に対して、日本とはこういう国ですということを大宣言するのが憲法の第一条なのです。

「大日本帝國ハ萬世一系ノ天皇ノ治《しら》ス所ナリ」

これが、憲法起草案冒頭、第一条の条文です。

この憲法の条文を起草したのは、井上毅という偉人です。井上毅という名前は、今、私たちにはほとんど知らされることがありませんが、調べれば調べるほど、聖徳太子や本居宣長、稗田阿礼と匹敵するほどの大天才だと思えるのです。

「この日本という国は、万世一系の、神話からつながる天皇が一切をお知りになって、権力で支配するのではなく、徳をもって、和をもって治めてくださるところなのです」と、神話からつながる日本の国柄をあらわす、見事な美しい文章だと私は思うのです。

ところが伊藤博文は、「治《しら》ス」という日本語はもはや古語だということで、「統治ス」と直してしまいました。「統治」とは、辞書によると「主権者が国土、人民を支配し治めること」を指します。これが大きな問題だったと、私は思うのです。

「シラス」という言葉を復興すべきでした。この「治《しら》す」という言葉にこそ、やまとのこころがあるのですから。

憲法の草案に取り組んだ井上毅は、憲法以前にずっと脈々とつづく日本の国体、国柄というものを何より大切なものと考えました。

日本神話、古事記、日本書紀、歴史を徹底的に学び直し、そこで「シラス」という言葉に出会いました。「知らす」「治らす」「しらす」これこそが、日本独自の統治のありかたであることを悟ったのです。

井上はこう言っています。

「国を知り、国を知らすという言葉は、どの国にも比べる言葉はない。『知らす』とは、天皇が国民の全て、国の全てをお知りになるということである。日本の国家成立の原理は天皇と国民との契約などではなく、天皇の徳なのである。国家の始めは、大君の徳に基づくという言葉は、日本国家学の開巻第一に説くべき定論である」

伊藤博文は後に、「統治するは、シラスの意味なり」と述べており、また井上毅も憲法制定後に「国は徳義により成り立っていて、法律によって成り立っているのではない。国家というものはそれを担う天皇と国民が一体となった『徳義』を実際に行ってこそ成立するものである」と語っています。

井上毅は、こうして命懸けで大日本帝国憲法を書き上げたのです。

やまとを復活させた教育勅語

西洋の「ウシハク」思想にかぶれてゆき、やまとのこころを失ってゆく日本を深く憂いた明治天皇は、教育を改めなければならないとお考えになり、教育に関する勅語を作るようにと文部大臣に命じられました。

時の芳川文部大臣は、東大教授の中村正直に草案の作成を依頼します。中村は、英国のサミュエル・スマイルズの『自助論』を翻訳したことで知られていますが、もともとは儒学者でした。

しかし、英国留学をしてからキリスト教の洗礼を受け、日本が西洋に倣って富国強兵を図るには、キリスト教を国教にしなければならないと考えるとんでもない人物になってしまいました。なんと、中村は「天皇陛下にも洗礼を受けていただきたい」と進言したといいます。

中村の草案を一部抜粋します。

「忠孝の心は天を恐るるの心に出で、天を恐るる心は、人々固有の性に生ず。されば、天を恐るるの心は、すなわち神を敬うの心にして、例えば木石に理紋ある。削れば悠々現れ、それ、体を消滅せざる限りは、除きたることは能わざるがごとき。人たるものにそれ生あらん限り、畏天敬神の心は消滅すべからざるものなり。その心の発動は、君、父に対して忠孝となる……忠孝の心は天を恐るるの心。天を恐るるの心は、されば天を、神を敬う……」

井上毅はそのとき法制局長官でした。法律の中心におり、大日本帝國憲法の草案を起草したほどの人物ですから、この草案も井上のチェックを受けることが必要でした。

文部省案として決定し内閣案とするために法令上の問題はないか、確認するために草案を見た井上は驚きます。

天、神、このような言葉を、もしも天皇陛下がお出しになられたら、仏教徒はどうするのでしょう。

日本はこれまで、ただの一度の宗教戦争もなく、すべての宗教に対して和をもって尊しとしてきているのです。その、神の道であるこの国が、その国を「シラス」存在である天皇がこのような言葉を出されたとあっては、日本がバラバラになってしまいます。

そのようなことは断じてあってはならないと、井上毅は総理大臣の山縣有朋のところに直談判に行きました。

山縣有朋は、明治15年に「軍人勅語」をつくった当事者でもありました。軍人のあるべき姿を定めたことにより、軍の規律がとても厳格になったという事例を体験していたので、井上の想いをしっかりと理解しました。

そして山縣は、井上毅に「それならお前が書いてくれ」と命じたのです。

その時、井上毅は人生最大の仕事を成し遂げた直後です。大日本帝國憲法の草案を一人で書き上げ、日本という国がどんな国かということを命懸けでまとめあげて、もうこれで人生のすべての力を使い果たしたというほどの状態だったはずです。

しかし、46歳の井上は、もう一度、日本のために自分の命を使おうと覚悟を決めたのです。

今度は、自分が書いた文章を、天皇陛下が、ご自身の言葉として発表するのです。どれほど大きな使命でしょうか。とても私心で書けるものではありません。

しかも、そのお言葉の目的は、日本の未曽有の危機に際して、もう一度、天壌無窮の神勅と、八紘一宇の神武天皇建国の精神を国民に行き渡らせ、そして日本という国を復興させるということなのです。

世界は一つ屋根の下の家族だという思いに戻ってくれるための言葉とは、どのようなものなのでしょう。一刻の猶予もありません。

この時の井上毅には、もう「自分」はありません。天皇陛下がお言葉を発するとしたらどのようなものだろう。天皇陛下のご先祖はどのように願っておられるのだろうということを知るには、無私の心でなければ不可能です。

頭から出した言葉では無理なのです。どこまで自分が天と繋がるか。いかにして天照大神までさかのぼっていくのか。天上の神々が、日本の国に、いまどんなことを願っておられるのかということを、霊的にキャッチしなければ書けません。

そして、ヤマトの人の魂に、真のキャンドルサービスをするには、どうしたらいいかということを、井上は命懸けて書いたのだと思うのです。

天壌無窮の神勅から始まった日本の背骨、これを日本人に取り戻すために井上毅が命を削って起草し、これを認めた明治天皇が明治23年10月30日、勅語として国民に語りかけてくださった、それが「教育に関する勅語」です。

そして日本は復活しました。

明治天皇が祈りをもって日本中に広げ、日本の人たちが皆そのことに対して心を寄せることによって、日本が立ち直ったのです。

教育勅語がなければ、恐らく日本は日露戦争には負けていたことでしょう。国が一つになったからこそ、日本の国柄を再び思い出したからこそ、国を守ることができたに違いありません。

まだ、完全にその背骨をなくしていない日本だから、原爆が落ちても、原子力発電所が爆発しても、津波が来ても、地震が来ても、復興することができるのです。

しかし、天皇が中心となって国民が一つになるという国柄を失ってしまったら、「シラス」国、日本は終わります。

いま、敗戦から70年が過ぎ、多くの人が神話を忘れ背骨を失い、もはや風前の灯火にも思えるこの日本という国を、やまとのこころを思い出すためには、教育勅語に心を寄せることしかないと、いま、私は強く思わされているのです。

第4章

教育勅語という祈り

教育に関する勅語

教育ニ關スル勅語

朕惟フニ我カ皇祖皇宗國ヲ肇ムルコト宏遠ニ德ヲ樹ツルコト深厚ナリ我カ臣民克ク忠ニ克ク孝ニ億兆心ヲ一ニシテ世世厥ノ美ヲ濟セルハ此レ我カ國體ノ精華ニシテ教育ノ淵源亦實ニ此ニ存ス爾臣民父母ニ孝ニ兄弟ニ友ニ夫婦相和シ朋友相信シ恭儉己レヲ持シ博愛衆ニ及ホシ學ヲ修メ業ヲ習ヒ以テ智能ヲ啓發シ德器ヲ成就シ進テ公益ヲ廣メ世務ヲ開キ常ニ國憲ヲ重シ國法ニ遵ヒ一旦緩急アレハ義勇公ニ奉シ以テ天壤無窮ノ皇運ヲ扶翼スヘシ是ノ如キハ獨リ朕カ忠良ノ臣民タルノミナラス又以テ爾祖先ノ遺風ヲ顯彰スルニ足ラン

斯ノ道ハ實ニ我カ皇祖皇宗ノ遺訓ニシテ子孫臣民ノ倶ニ遵守スヘキ所之ヲ古今ニ通シテ謬ラス之ヲ中外ニ施シテ悖ラス朕爾臣民ト倶ニ拳々服膺シテ咸其德ヲ一ニセンコトヲ庶幾フ

明治二十三年十月三十日

御名御璽

赤塚高仁による心訳・教育勅語

私が思うのは、皇祖、神武天皇が遥か遠き昔に日本國を建国し、歴代天皇が国を治めてきた徳というものは実に深く厚く尊いものだということです。

また、我が日本の国民は素晴らしく、忠と孝の道をもって、これまで何億、何兆という民が心を一つにして、天皇とともに代々にわたって美徳をあらわしてきましたが、これこそが日本の国体の真の姿であり、教育の真髄もまたそこにあるのです。

あなたがた国民よ、親孝行し、兄弟仲良く、夫婦は睦み協力し合い、友は互いに信じ合い、我儘は言わず、博愛の手を広げ、学問を修め、手に職をつけ、知能を啓発し、徳と才能を磨き、世のため人のために進んで尽くし、常に大日本帝国憲法を重んじ、法律に従い、ひとたび非常事態になれば公のために勇敢に立ち向かい、このようにして天下に比類なき皇国の繁栄につくしていってください。

これらのことは、ただあなた方が忠実で良き国民であるということだけでなく、あなたがたの祖先の築き上げ残してきた美徳を反映してゆくことでもあります。

このような道は実に、神武天皇以来歴代天皇がお遺しになった教訓であり、子孫臣民のともに守らなければならないことです。そして、この道は時代を超えて間違いのない真理であり、日本だけでなく全人類にとって大切な道徳なのです。

それゆえに私は、この教えを固く心に刻み、守り、手本を示してゆきますから、国民の皆もこの教えを大切にし、ともに道義国家の継承に尽くされることを深く希望します。

前文に込められた教育への想い

それでは、いよいよ「教育勅語」を深く読み解いてゆきたいと思います。

「朕惟フニ我カ皇祖皇宗國ヲ肇ムルコト宏遠ニ徳ヲ樹ツルコト深厚ナリ我カ臣民克ク忠ニ克ク孝ニ億兆心ヲ一ニシテ世世厥ノ美ヲ濟セルハ此レ我カ國體ノ精華ニシテ教育ノ淵源亦實ニ此ニ存ス」

「朕惟フニ」の「朕」は天皇陛下の第一人称です。私は自分のことを「ワシ」「僕」「俺」などと言ったりしますが、陛下はご自身のことを「朕」とお呼びになります。この「私が考えるには」、あるいは「私が思うには」という言葉が、最後までつながってゆきます。

この後の部分に書かれていることを箇条書きにして挙げてみましょう。

①建国の理念

「我カ皇祖皇宗」、皇祖というのは神武天皇のことです。初代天皇であり建国の父、神武天皇が「我カ皇祖」です。

神武天皇は、天上界の神々の国を地上に実現するという壮大な理想を掲げ、全人類は一つ屋根の下の家族であるという「八紘一宇」の精神で国をお建てになりました。

国民がお互いに助け合い、支え合い、争わず、譲り合う、道徳を規範とした道義国家を目指されたのです。

②歴代天皇はすばらしい

続く「皇宗」というのは歴代天皇のことです。明治天皇は１２２代の天皇ですから、それ以前の天皇から神武天皇を除いた１２０名の歴代天皇、この神武天皇から始まる私の先祖である歴代天皇が建国に対する思い、理念を守り、徳をもって政治をしてこられたことは誠に深くすばらしいことです。

まず神武天皇、そして歴代天皇は実にすばらしいというふうに書き出されているのです。

③国民がすばらしい

しかし、どんな組織もそうであるように、リーダーがいくらすばらしくても、それを支え、そのリーダーとともに動く仲間がいなければ成り立ちません。

「我カ臣民」、つまり私の大御宝たち、日本の国民は、本当にすばらしい忠の心、孝の心を持つまさに国の宝です。今まで日本人というのは、何億、何兆の人たちが生まれ死んでいったけれども、国民たち皆が心を一つにして、その時代その時代に、実に美しい国柄を作ってきました。

「建国を果たした神武天皇は凄い。歴代天皇はすばらしい。けれど、その天皇を支え、一つになってやってきた国民もまたすばらしい」明治天皇はこのように称えてくださっているのです。

そして、これは天皇と国民が一つになってきた「我カ國體」であるというのです。「国体」というのは国の体、すなわち日本という国の姿のことです。この日本の姿こそ、天皇と国民によってできたものであり、これを成しえたのはひとえに、そのことを教え語り継いできた教育の力によるのです。

人間というものは、何もしなければ動物と同じです。教育があってはじめて、歴史を知り、道徳を知り、この教育があったからこそ、私たちはこのことを実現できたのです。

ここまでが、この日本という国の凄さ、美しさを讃えた前文です。「天壌無窮の神勅」にあるように、天皇と国民と一つになって進む限り、「天壌とともに窮なかるべし」という天照の約束どおり、宇宙、地球が存在する限り、この国は続いていくのです。

そして、それを成してきたからこそ、我が国は今日ここまでやって来られました。天皇、皇祖、皇宗、そして国民たち皆、本当にすばらしい。そしてそれは、教育というものの力でもあるのです。

人間として守るべき最も大切なこと

ここからは国民の皆さんに守っていってもらいたい、何よりも大切なことを述べると明治天皇は言われます。これを守っていくならば、人は幸せにならざるを得ない、万人が幸せになれる完璧な法則なのです。

「爾臣民」とは、あなた方、国民の皆さんということです。

「父母ニ孝ニ兄弟ニ友ニ夫婦相和シ朋友相信シ恭儉己レヲ持シ博愛衆ニ及ホシ」

まずこれは人間として守るべき大切なことです。お父さん、お母さんに親孝行しなさい。兄弟は仲良くして、夫婦はお互いに相和し、友だちは信じ合いましょう。「恭儉己レヲ持シ」とは、我儘を言わないこと。「博愛衆ニ及ホシ」とは、周りの人たちに対して、広く愛をもって付き合うということです。

人として最も大切なことの最初に書いてあるのは、「父母ニ孝ニ」です。大切なことのなかでも最も大切だから、最初に書かれているのです。全人類に共通する最も大事なことだとも言えるでしょう。

ユダヤ教の律法の原点であるモーゼの十戒は、８つのしてはならないことと２つのしなければならないことが示されています。

しなければならないことのひとつは、「安息日を守れ」。安息日というのはシャバットとも呼ばれていて、一週間７日間で世界が創造されたうち、７日目に神がお休みになったという日のことで、この安息日を守るためにこの日に人は働いてはならないとされています。そこで、ユダヤの民は世界に散らされても、どこの国に行っても安息日を守ってきたのです。

金曜の日没から土曜の日没までは一切仕事をしない。その日は神様との対話をしよう、天に繋がろう、祖先の苦しみに、そして聖書に繋がっていこうという大切な日なのです。こうしてユダヤ人は安息日を守り、安息日はユダヤ人を守ってきました。彼らは自分たちのアイデンティティーを失わなかったのです。

そして、十戒にあるもうひとつの神様の命令が「父母を敬え」なのです。親を大切にすることは、生きとし生けるものの根源です。これができない限り、世界平和も、日本の平安も、ありとあらゆる自分の幸せも、来ないのだよと神は言っておられるのでしょう。

民族が違っても、私たちの大元は同じであり、普遍の法則があります。まさに、親孝行はその中でもっとも大切なことなのです。

では、なぜ「親孝行」しなければならないのか。それは、父母がいなければ私たちがいないからです。

いくら地球環境を良くしたいとか、世界平和を実現したいというような大きなことを言っていても、自分を認め、親に感謝をすることができなければ自分は平安になれません。自分が平安に生きていない人に、世界を平和にすることは不可能でしょう。

まず何よりも、私たちが自分のことを肯定することからすべてが始まります。自分を肯定できなければ、決して幸せな人生は送れないし、人に優しくもできません。そして、自分が自分を許し肯定した瞬間、その自分をここに送り出してくれた親に対しての感謝が自然にあふれてきます。「産んでくださってありがとうございます」と……。

ところで、私たち人間というものはいったいどんな存在なのでしょうか。

私たちは一人ひとりがまさに奇跡の存在です。

一回の性行為で、お父さんから精子が一億匹発射されます。数え切れない「まぐわい」の中の一回、しかも、一億匹の中の一匹の精子がお母さんの卵子との受精を果たすのです。私は長い間、一億の精子の一等賞が自分になったと思っていました。すごい競争に勝ち抜いてきたのが私なのだと思っていたのです。

ところが、私の考えは間違っていました。広島の尊敬する産婦人科医、藤原紹生先生のフジハラレディースクリニックで、竹田恒泰さんにお会いした時に教えていただいたのです。

最初に卵子に到達した精子は、卵子の固い壁にぶつかって死んでしまうのだそうです。精子は異物としてはねつけられて、卵子はまったくびくともしないのです。まるで天岩戸のように。

しかし、精子は怯むことなく百、千、何万何十万と、まるで特攻機のようにぶつかっては死んでゆきます。すると、だんだん死んだ精子たちの影響でその場の環境が変わってくるのです。そのうちに、なんとなく卵子の方も、これはただの異物ではないのかもしれないなあと感じはじめて、そこで天岩戸がふっと開く。その瞬間に偶然来た精子が中に入るのです。私たちはその「偶然」という必然の、言い換えると抜群に「ツイてる」精子と卵子の変化体です。

勝ち抜いたトップではないのです。選りすぐられた超エリートでもありません。戦ってなどいないのです。私たちは一億もの精子の中で、最もツイてる精子と卵子が合体することで細胞分裂が始まり、奇跡に奇跡が積み重なって、ここに生まれて来ているのです。

戦って勝つ必要もないし、他よりも優れている必要もありません。だから、そのままの自分をいますぐに許し、肯定しましょう。こんなに凄い、こんな奇跡の、ツイてる精子と卵子が、いまの自分なのですから。

そして、お父さん、お母さんはそんな自分をこの世に送り出してくれた命の恩人であり、もっとも直近のご先祖様です。

人間は、生まれた時に放っておかれたらすぐ死んでしまいます。馬も象も生まれ落ちて、５分も経ったら立っています。しかし、人間は、１年もの間歩くこともできません。そんな自分がいまここに生きているということは、その１年間、面倒を見てもらった証です。

人間は食べ物を恵んでもらえなければ、死んでしまう存在です。それでは、赤ちゃんは何もできないのでしょうか。いいえ、決してそうではありません。私たちはそのとき愛のかたまりそのものであり、ただひたすら命を発露することで、両親を喜ばせました。

私たちの子どももそうです。皆そうやって、愛そのものとして光を届けているのです。そして、あなたもそうですよと教えてくれるのです。

お母さんは、赤ちゃんに愛を与えることはできません。愛そのものである赤ちゃんには愛が必要ないからです。

イエス・キリストの幻をエルサレムで見たとき、イエスから「私には愛は必要ない。私は愛だから」言われました。

赤ちゃんは、神様の化身といってもいいでしょうか。「あか」というのは、やまとことばで天の輝きをあらわします。「あ」は宇宙創造の音ともいわれ、人は「あ」と発して生まれ「ん」と息をひきとる。「か」は神様の輝き。それが濁ると「が」になる。それが両方我が身にあるのを映すから「かがみ」となるのです。

伊勢神宮の御神体は八咫の鏡です。映して見える自分から「我」をとると「かがみ」が「かみ」となります。赤ちゃんとは、まさに神の光をあらわす存在だと言えましょう。

「国民よ、親孝行をせよ」と一番初めに語りかけてくださる明治天皇の大御心にふれて、胸がいっぱいになります。

「父母ニ孝ニ」です。父、母に従え、ではありません。そして、父母から一緒に生まれてきた兄弟、これは仲良くするのです。

さらに、一切の始まりである夫婦について、明治天皇は「夫婦相和シ」と言ってくださいました。

イザナギとイザナミの両神が国生みをし、神々を生み出したのも「夫婦」です。男と女、陽と陰、異質な出会いで新たな創造がなされます。この関係性こそ、宇宙創造に匹敵するエネルギーの根源であると思えます。

よく教育勅語は、中国の論語や、あるいは韓国からきた儒教の教えを元にしてつくっているという人がいるのですが、とんでもないことです。もし儒教であれば、「親の言うことを聞きなさい、長男の言うことを聞きなさい、妻は夫に従いなさい」となるでしょう。

「夫婦相和シ」というのは男女同権なのです。この当時、明治23年の時代に、世界の中で男と女は同権だと堂々と宣言しているのは、日本だけではないでしょうか。ここを読むだけでも、すばらしい日本の国柄が表れているではありませんか。

昔からよく言われる、女性は男性の「三歩下がって歩く」のが望ましいということを、男尊女卑の表れだと思い込んでいる人も多いようですが、実はそうではありません。

何かあったら自分が守るからいざとなったら逃げろという、男の心意気を示すものなのです。側にいては刀が抜けないから、愛する人を守るために三歩離れて歩かせたのです。

西洋ではレディーファーストですが、もともとは曲がり角や部屋の中に敵がいた時に、女性を犠牲にして男性が被害を受けるのを避けるためだったと言われます。旧約聖書、創世記に「女は男から作られたのもの」とあります。女は男の所有物という価値観が潜在的にあるのでしょう。

私たちの祖先は、男性は女性を輝かせることで一切がうまくいき、美しいものが生まれるのだと教えます。それがイザナギの「あなにやし、ええ、おとめを」応えてイザナミの「あなにやし、ええ、おとこを」の神話です。まずこれが一番大事な人間としての根本的なこととして、守っていきましょうということなのです。

自分さておき人さまに尽くす

両親から生まれてきた奇跡の存在である私たちが、さらに奇跡が積み重なって成長し、同じだけの奇跡を積み重ねてきた仲間と出会うのですから、ご縁というものははかりしれないほどの奇跡と言ってよいでしょう。

1日に10人の新しい人と出会い続けたとして、現在日本に住んでいる約1億2千万人全員と握手するのに、どれくらいの時間がかかるのかを計算したことがありま す。

毎日10人、新しい人と会い続けることも容易ではありませんが、そこをクリアしたとして一ヶ月で約300人、一年で約3600人です。そして、その計算でいくと驚くべきことに、なんとおよそ3万8千年もかかってしまうのです。

それほどに、友との出会いというのは稀有な機会なのです。

我が師、糸川英夫は、「人生で最高の宝が二つある。一つは良き友。もう一つは逆境である」と教えてくれました。

友だちは信じ合いましょう。そして、そんな大切な人間関係を構築するためには、自分の都合をあとにして、相手のことを優先しなさいと明治天皇は教えてくださいます。「手のひらは、もらうためよりあげるため」だよと、それが「恭倹己レヲ持シ」です。

わがままを言わず、自分さておき人さまに尽くすのです。

阪神の震災のときも、東日本大震災のときも、世界各地から救援に来てくださった人たちが驚愕されています。

救援物資を届けに行くと、多くの人が「私は大丈夫だから、もっと困っている人に届けてください」と言うのです。

震災のとき、東京の新宿などの大きな駅で、電車が動かず駅の階段に皆が座っていました。そのまま夜を明かさなければならないような状況です。この時、海外のメディアが驚いたのは、立ったままの状況の人もたくさんいるのに、階段の真ん中が通れるようにあいているのです。

これは日本人にとっては当たり前のことでしょう。特に緊急時には、病気や怪我の人を通さなければならないかもしれないのですから。しかし、これは世界のどの国でもあり得ないことなのだそうです。あいている場所があったら絶対に座るというのです。

海外からの救援部隊は驚きました。こんなに苦しい思いをしている人が、なぜ人を思いやれるんだ。日本人は皆キリストなのかと。

暴動も略奪も起きず、整然と並んでいる人たちに感嘆の声を世界中があげています。私たちの遺伝子の中に、教育勅語が脈々と息づいている証拠ではありませんか。

「博愛衆二及ホシ」とは、広く愛をもって出会う人に接することです。みんなつながっているのです。私たちの先輩方は「袖触れ合うも他生の縁」と教えてくださっています。

ずっと生き通しの魂の旅。始まりなき始まりから、終わりなき終わりへと続く魂の学びの旅の中で、出会う人に偶然あるわけがありません。宇宙の秩序の中で、「偶然」が入る余地などないのです。

だから、「情けは人の為ならず」みんなつながっているのです。

しかし、何のためにこれらのことを実践しなければならないのかということを、私たちはしっかりと腑に落とさなければなりません。だから、「學ヲ修メ」、勉強してください、まず勉強して知ってくださいというのです。

知らなければ何もできません。いま、こうして私が伝えていることも、まず本当のことを知ってくださいということなのです。勉強することによって、本当の知識を得ることによって、様々な真実を発見をし、それによって自分の能力を上げていくことができます。

次に「業ヲ習ヒ」、手に職をつけましょう。自分の仕事をもって、その仕事で社会と繋がるのです。

社会と繋がらなければ、社会の役に立つことはできません。日本人にとって、労働は神様の罰などでなく、「はたを楽にする」ことなのです。

「以テ智能ヲ啓發シ徳器ヲ成就シ」とは、そうやって勉強をし、仕事を通じてどんどん能力を高めてゆきましょうということです。

能力を高めていくことは、すばらしいことです。現実的な実践を通じて、成長して徳のある人になり、ますます周りに対して役に立っていってください。世の中に対して、もっともっと自分の力を発揮していきましょう。

「常ニ國憲ヲ重シ國法ニ遵ヒ」、ここではじめて憲法が出てきます。自分で能力を上げていくとともに、社会の中でしっかりとやっていくために、守るべきものがあるとしたら、まずは憲法です。大日本国帝国憲法というこの国の定めを大切にして、法を遵守し、一人の国民としての義務を果たしてください。

法律ができる以前から、日本という国は民主主義の国でした。アマテラスが天岩戸にお隠れになったとき、神々が協議して決議したように、神話の時代から議会制民主主義が当たり前にあった国が日本なのです。

近代になって、欧米がもっている憲法というものを日本も整備しなければならないということで、明文化したわけですが、憲法のまえに２０００年以上にわたる国柄のあることを覚えてください。憲法以前にあった国の姿を知ることは、本当の国法を知ることにもつながるのです。

「一旦緩急アレハ義勇公ニ奉シ」この部分を左翼の人たちは、「天皇のために命を差し出せ」と書いてある。だから、教育勅語は軍国主義を助長するものだと騒ぎます。

しかし、そんなことはまったく書いていないのです。人が困ったときには、すぐにその人のために働いてください。特に国に緊急事態があったり、周りの地域で困られた方があるような時には、すぐにそのために自分を捨てて、動いてくれないだろうかという、これは明治天皇の願いです。

天皇のお役は、国の平安と、国民一人ひとりの幸せを祈ることです。その大君が、国民に自分のために死ねと仰るわけがありません。それどころか天皇とは、国や国民のために命を投げ出してくださる存在なのです。

地上を「利他の心」あふれる天国にする

「自分さておき人さまに尽くす」ことをよしとする「教育勅語」は、人としてこのあり方、この道を行けば、ここに書かれたことを実践すれば、完全なる幸せを実現する究極のマニュアルと言えましょうか。

なぜならば、苦しみの98％以上は私について考えることから生まれるからです。自分が消えたとき、そこに苦しみが発生することはありえません。

私について考えるときに、人は苦しくなります。私がなくなったときに、人は幸せです。これこそが、古今東西古きに渡り、まったく変わらない本当のことなのです。

２５００年前、この法則を発見したのは釈迦でした。

彼は苦しみからの解放を探しに探して、苦行に苦行を重ねて、そしてどうしたら人間はこの苦しみから解放されるのかを求めました。

生まれ来ただけでも苦しい。年を取ってしまうのも苦しい。病気になって死んでしまうのも苦しい。しかも会いたい人に会えないのも苦しい。会いたくないやつに会っているのも苦しい。自分の本能のままに生きられないのも苦しい。欲しいものが手に入らないのも苦しい。

生老病死、愛別離苦、怨憎会苦、求不得苦、五陰盛苦、この四苦八苦からどうやったら逃げられるか。自分の体を極限まで追い込んで求めました。

しかし、こんなに自分の体を否定するなら、体など持っている必要はないはずです。肉体を否定してはいけないと気づき、苦行から離れて、体力回復のためにネーランジャラー川でスジャータという村娘から乳粥をもらい、体力を回復し、瞑想したときに聞こえてきたのです。

すべての存在には実体はない。一切が「空」、しかし、その「空」に自分が関わった瞬間に、何かが現れる。これを「縁」と呼んだのです。釈迦が発見したのは、「空」と「縁」、この二つです。

逆に全部に実体がある、全部に形がある。これを「有」といいます。だから、この世の目的は目標を達成して、自分の思いを叶えることだと考える世界を突き詰めていく、この頂点が「有頂天」です。しかし、これでは苦しみが消えることはないのです。

この世界は一切空で、関わり方で変化するものなのであれば、人が幸せになるかどうかは、ひとえに自分がどう関わるかによる。そして、彼は発見しました。自分がなくなればいいのだと。

では、どう関われば自分はなくなっているのでしょうか。

それは、人のことをやっているときです。人の喜ぶ言葉を使い、人が喜ぶことを考えて、人の喜ぶことを行動し、そして人の喜ぶことを思う。その瞬間、人はたしかに苦しみから解放されます。そして、自分が消え、周りの人のために生きていく「利他の心」が生まれるのです。

糸川英夫は、あるとき私にこう言いました。

「赤塚さん、あなたね、自分の頭の上のハエを追うの、やめなさいね。人の頭の上のハエだけ追っていきなさい。

そうするといつの日か、あなたの頭の上のハエを追ってくれている人に出会うから。その繋がりが分かることを、幸せというんだよ」。

私たちヤマトの民は、それをあらわすことのできる民族です。神話からつながる万世一系の天皇を中心とした、利他の心の民族なのです。

私たちは、地上を「利他の心」あふれる天国にするために、教育勅語を実践するのです。

「是ノ如キハ獨リ朕カ忠良ノ臣民タルノミナラス又以テ爾祖先ノ遺風ヲ顕彰スル

ニ足ラン」、教育勅語を実践することは、天皇の大御宝である国民のあるべき姿であるというだけでなくて、ご先祖様がここまでずっと繋いでくださってきた、その願いが実現することでもあるのです。そのように、明治天皇は続けて仰います。

私たち一人ひとりのご先祖様を20代さかのぼったら、その数は100万人にもなります。さらにその20代さかのぼったら、その一人ひとりが100万人ずつになるのです。

膨大なご先祖様の祈りが重なって私たちはいまここにあります。ご先祖様一人でも欠けたら私たちの存在はありません。

「斯ノ道ハ」、この道というのは、ヤマト人のあるべき道、あるべき姿のことです。「實ニ我カ皇祖皇宗ノ遺訓」、神武天皇、歴代天皇が残してくれた大切な教えであるとともに、この現象界でいま生きている私たち一人ひとりがきちんと守らなければいけないことです。これを守っていくことが、本当に幸せになる道なのです。

また「中外ニ施シテ悖ラス」とは、世界中どの民族においても、普遍の法則だということです。日本のみならず、全世界、どの民族においても通用する本当のことです。

ずっと昔から現在まで、どんな時代が変わっても決して変わらない本当のことなのです。


戦争が終わったときに、ドイツのアデナウアー首相は教育勅語をドイツ語に直して、国を立て直しました。

またアメリカでは、レーガン大統領が、自分の国の風土がどんどん乱れていったときに、各高校に制服を着るように義務付け、その上で英文に訳した教育勅語を高校で教えるよう指導しました。これによってアメリカは、道徳教育を成功させ、国の建て直しができたのです。

これ以降、アメリカにおいても教育勅語のすばらしさが周知されるようになりました。実際に、アメリカ合衆国で聖書の次にたくさん読まれている本は、「The Book of Virtues」という英訳・教育勅語なのです。

天皇はキリストである

戦争の後、勝ちはしたものの日本の強さを恐れたアメリカは、その強さの理由を探し、教育勅語にそれを見出しました。

日本人はたとえ戦争に負けても、この教育勅語がある限り一致団結して復興をとげ、また強い国なる。そして、再びアメリカの脅威となる。そこでアメリカは、日本が二度と歯向かうことのないように、時間をかけて教育をダメにすることにしたのです。

まず、教育から神話を、そして歴史をすべて取り去りました。日本の建国も天皇のことも教えません。日本が世界でもっとも歴史があり、すばらしい国だということも教えません。国連加盟国１９３カ国の中で、小学校の教科書に建国の経緯と、建国の父と、建国の時が書かれていないのは、日本一国だけです。これは異常なことなのです。

この国をよくいうこと、天皇がすばらしいということも全部禁じました。だから、教科書に出てくる天皇はいつも問題を起こします。後醍醐天皇、中大兄皇子、ひどい問題だけが書いてある。神道のこと、日本人の信仰についても一切触れることは許されません。

そして何よりも、日本人の根本である教育勅語を廃止させ、これはひどいものだと逆に教え込みました。日本を無謀な戦争に追い込んだのは、軍国主義を推進する教育勅語であり、多くの若者たちが「犬死」したのもすべて教育勅語による誤った教育のせいだと……。

そしてそれは、今もなお続いているのです。

しかし、教育勅語は世界のどの国においても通用するものであるということを、はっきりと明治天皇が宣言してくださっています。

世界中どの国のお触書、どの国の王様の命令も、「やれ」です。全ての国王は、国民は自分のためにある。ルイ14世は「朕は国家なり」とまで言いました。しかし、明治天皇の教育勅語は違います。

「朕爾臣民ト倶ニ拳々服膺シテ咸其徳ヲ一ニセンコトヲ庶幾フ」、「拳々服膺」という美しい日本語は、今では使われない表現ですが、拳と拳を合わせていただくようにしてということです。

そのようにして、私はこれを受け取ります。ここにある内容は本当のことだから、私も大事に守り実践していくので、皆さんもこれを一緒にやっていただけないだろうかと、天皇自らが仰っているのです。


こんなふうに言ってくださる皇が、他の国にあったでしょうか。

私の知るかぎり、ユダヤの王と呼ばれながら殺されていった、２０００年前のイスラエルに現れたイエスという人物ただ一人だけです。

イエスは、もうすぐ十字架にかかって殺されるというとき、最後の晩餐をし、弟子たちの足を洗いました。そして「これが私からの最後の戒めだよ。お前たちは、互いに愛し合いなさい。そして、人の上に立とうと思うものは、人の下に入りなさい。人の上に立つものは、人の下に入って、人に仕えていくんだよ。私がやってみせるから」と言って、弟子の足を洗ったのです。

私がこの世に来たのは、人に仕えるためだと言って、人々の罪を背負って、ただ一人で死んでいった人です。

そのイエス・キリストのマタイによる福音書の最後に、「私は世の終わりまであなた方と共にいる」と書かれています。

私がどうして前著『ヤマト人への手紙』で、「天皇はキリストである」と述べたのか。

昭和天皇が国民に対して、戦争を終わらせるということを直接ご自身でお伝えになった、昭和20年8月15日の「玉音放送」に触れた時のことです。

玉音というのは天皇の御声のことです。この天皇の御声で、天皇は何とおっしゃったか。「堪ヘ難キヲ堪ヘ忍ヒ難キヲ忍ヒ」、この部分だけが有名になっていますが、このように仰っているのです。

「朕常ニ爾臣民ト共ニ在リ」

イエスが弟子たちに最後に言った言葉とまったく同じなのです。「私はいつもあなた方と共にいる」、これが言えるのがキリストです。

キリストは今も生きてはたらいておられます。もしそのクリスチャンに、天皇にはたらくキリストの命が見えないのであれば、そのクリスチャンは２０００年前のイスラエルに行ってもキリストが見えないことでしょう。イエスがとなりにいても分からないでしょう。

すべての宗教を統合する創造のエネルギーのことを、私はキリストと呼んでいます。

神は人間が作ったものです。けれども、宇宙創造のエネルギーが発露し生きておられる姿。この姿がキリストです。天皇です。聖書を読めば分かります。

教育勅語の最後の最後に、「私もこれらのことを実践するから、皆さんもどうか一緒に守っていただけないだろうか」と語りかけてくださった明治天皇です。我が国の歴代の天皇は、すべてそういう命をもって生まれ、そのエネルギーを生きてくださることで、日本を守り支えてきてくださったのです。

パウロに、イエスに出会い聖書と出会わなければ、私はきっと天皇陛下のことも分からなかったでしょう。

天皇は生まれてから死ぬまで、祈るために生きておられるのです。

天皇には苗字がありません。
天皇には職業選択の自由がありません。
結婚の自由もないし、離婚の自由もないし、選挙権も被選挙権もない。
天皇は国民ではありません。
ずっと不自由なことだと思っていました。

気ままな楽しみも許されない、気の毒なお方だと。

しかし、人が目指すべき世界があるとしたら、それはキリスト・イエスが示した神の国であり、まさにその国の住人が天皇だと私は知らされたのです。

教育勅語とは、人をその世界へと導くチケットと言っても良いのかもしれません。万国民に、いつの時代でも通用する万能のパスポートなのです。

天皇が国民に語りかける言葉とは

井上毅は、教育勅語の草案をまとめるにあたって、天皇陛下はどういう言葉で話さなければならないのかということを考えました。

天皇が国民に話すというならば、天皇ご自身のお考えを、まさに天皇が国民に語りかけるそのままでなければならない。

したがって、法律のようなものであってはならないのです。法律というのは、守らなければならない、守るべきものです。この勅語はそういうものではなく、国民一人ひとりの個人の良心に訴えて、自発的に動こうと感じてもらうような言葉でなければならないと井上は考えました。

教育勅語は、ほぼ同時に生まれた大日本国憲法と両輪をなすものです。心を養い、目に見えない美徳を育てることは法律にはできません。道徳とは、一人ひとりの心にこそあるものだからです。

もしこれが法律なら、夫婦喧嘩は「夫婦相和シ」に反することになり、我が家などは毎日法律違反で逮捕されてしまいます。「朋友相信シ」とあるのに、友だちを裏切ってしまいました、法律違反で即逮捕。教育勅語とは、そういうものではありません。

道徳を皆に守ってもらうためには、魂に訴えかけなければならない。薄っぺらな知識や、頭から出たような理屈では人は動きません。

人々の心の底にある魂に届くような、そんな言葉にしなければならないけれども、他の法律や憲法のような「定め」にしてはならない。そこに井上毅の草案の苦労の跡が見受けられます。

また次に、天皇は「天」や「神」といった宗教的な言葉を使ってはならないと井上は考えました。

もしも宗教的なにおいがしたら、その宗教に反発する人が出てきたときに、教育勅語そのものが否定されるからです。宗教的な言葉に反発する人たちには、同じ日本人であってもその言葉が心深くに届くことはないでしょう。

宗教的なにおいが一切出ないようにすることは容易ではありません。しかし、この言葉を語られるのは、建国以来宗教戦争をしたことのない、「シラス」国、日本の大君です。特定の宗教に偏ったようなお言葉を出すわけにはいかないのです。

また、哲学的な言葉を使うことも厳に避けました。哲学的な言葉、用語や、心理学的な思索であってはならない。誰にでも分かり行動に移せる、地に足のついた言葉を選びました。

そして、驚くべきことに、教育勅語には神話も一切出てきません。大日本帝国憲法の中にも、一切神話には触れていません。

では、井上毅は日本の神話に対して懐疑的であったり、神話を信じてなかったのでしょうか……。いいえ、その真逆です。古事記、日本書紀に精通し、日本の根本について腹の底から信じ、天と繋がっていた人です。

だからこそ、そのことを安易に言葉にして出すことの危険性も知っていたのです。日本が神国であり、神話が今もピチピチと生きている国であることを誇りに思いながらも、「文明開化」の波の最中にあって、その考えに反発する人がいてはいけないと考えたのでしょう。

それから、ここに政治的な面を出してもいけない。特に人間くさい、思惑のあるような言葉を使ってはならない。それらは「シラス」ご存在である天皇のお言葉ではありえないからです。

儒教のにおいがしてはいけないのです。キリスト教のにおいがしてもいけないのです。哲学的であってもいけないし、心理学のようであってもいけない。

それらすべてを排除したうえで、天皇陛下がお言葉を発するについては、重箱の隅をつつくような、何々するな、何々してはならないといった、人を抑圧したり消極的な気持ちにさせるような言葉は使ってはならないと、井上は考えました。

陛下がお使いになる言葉は、どの日本人の心の奥にも入っていく、大海のような、太陽のようなものであるという井上毅の信念が、この３１５文字からは感じられるのです。

ヤマト人への福音

ところで、12の徳目として知られる、教育勅語に込められた祈りと比べられるものに、ユダヤの律法である十戒があります。

神からモーセに与えられた十戒が、ユダヤの民の戒律の始まりとなりました。旧約聖書のエホバの神とユダヤの民との契約の始まりでもあります。

「私は永遠にあなたの神であり、
あなたに対しての唯一の神である。
偶像崇拝はするな。
神に不敬なことを言うな。
安息日を守れ。
父母を敬え。
殺すな。
姦淫するな。
盗むな。
嘘を付くな。
人を恨やむな」

十戒が人にとって最も大事な教えであることは紛れもない事実です。
ユダヤの民の根本的な原理であり、教育の基本でもあるのがこの十戒です。子どものときから徹底的に叩き込まれ、ユダヤの世界の基準となるものですから、ヤマト人にとっての教育勅語と匹敵すると言ってもよいのかもしれません。しかし、あれをするな、これをするなと言われたら、人は苦しくなります。これが人間の性というものではないでしょうか。

井上毅はこんなふうに思ったのではないでしょうか。

「おそらくヤマトの神様は、十戒のような言葉を使わないだろう。太陽の女神である、天照大神は、もっと大きくて暖かく、豊かな言葉で人々を導くに違いない。その天照の子孫である天皇陛下も、ああするな、こうするなといった消極的な言葉ではなく、天照大神の光のような、太陽のような、美しい豊かなエネルギーに満ちた言葉で、ヤマトの人を導くのであろう」

したがって、教育勅語は旧約聖書とも違うものです。

誰もが共通の認識で受け取り、本当に日本に生まれてよかったと思うことができて、このことを自分から行動し表したいと思えるような勅語にしなければならない。そうして作られた教育勅語、その12の徳目をあらためてここに示します。

教育勅語12の徳目

1. 父母ニ孝ニ「親や祖先を大切にうやまいなさい」
2. 兄弟ニ友ニ「兄弟は仲良くしなさい」
3. 夫婦相和シ「夫婦は仲睦まじくこころを合わせなさい」
4. 朋友相信ジ「友達は誠のこころで信じ合うのです」
5. 恭倹己ヲ持シ「わがままは言わないように」
6. 博愛衆ニ及ボシ「まわりの人々に愛の手を差し伸ばす思いやりをこころがけ」
7. 学ヲ修メ業ヲ習イ「勉学に励み手に職をつけなさい」
8. 知能ヲ啓発シ「知能を養い才能を伸ばしなさい」
9. 徳器ヲ成就シ「人格を高めるのです」
10. 公益ヲ広メ政務ヲ開キ「進んで広く世のため人のために尽くすのです」
11. 国憲ヲ重ンジ国法ニ遵イ「国民として法律に従って社会の秩序を守りなさい」
12. 一旦緩急アレバ義勇公ニ奉ジ「国家存亡の危機には正義なる勇気を出して国家に奉仕するのです」

これが、教育勅語で明治天皇が祈りをもって国民に訴えた「人が例外なく幸福になるマニュアル」、まさに「ヤマト人への福音」なのです。

「逆・教育勅語」

神さまがつくられたプログラムに、「人は自分で自分を幸せにしようとしてもできない」というものがあります。

自分を幸せにするために大金持ちになっても、王様になっても、みな「こんなはずではなかった」と死んでゆくのは、人間の設計図が、「幸せとは、まわりの人を喜ばせたときに感じる感情」と書かれているからなのです。

ウシハク世界の人々にとって、成功とは「自分にとって価値ある目標を設定し、段階を追って達成してゆくこと」です。しかし、シラス世界のヤマト人は「我が事さておき、人さまに」です。

明治天皇は、12の徳目のあと、このように仰っておられます。

「この道を行ってゆくことは、実に天照大神から続く皇統である、神武天皇に始まる歴代天皇の遺してくださったみ教えであり、皇室も国民もともに守るべきものです。

これは、時代が変わろうと未来永劫変わらぬ真理であるとともに、日本だけでなく、万国民、どこの国であろうと通用する真実です。なぜなら、これこそが神の望む人の道だからです。

私もこの道を率先して実践しますから、あなた方国民もつつしんで行い、君民ひとつとなって徳を高めてゆくようにと、切に望みます」

教育勅語の核になっているのは、「シラス」という天皇統治の理念です。それは井上毅がたどり着いた日本の国体観なのです。

教育勅語は、強制力、政治力を背景としたものではなく、天皇の「徳」を背景とした、「朕惟フニ」という語りかけから始まります。そして、最後は「朕爾臣民と倶ニ拳々服膺シテ、咸其徳ヲ一ニセンコトヲ庶幾フ」という、天皇ご自身の謙虚なお言葉と、国民への願いで締めくくられています。

他国の王の御触書のような「やれ」という命令ではなく、自らが率先して行動してゆくので「ともにやってゆきましょう」というのです。そんな天皇の大御心こそ、祈りそのものではないでしょうか。

素直な心で読めば、これ以上の教えがあり得ないことは分かるはずです。どんなに時が流れても、どんなに時代が変わっても、決して変わらない本当のことが書かれているのですから。

そして、これが、国体とつながっているからすばらしいのです。だからこそ、思想によって日本を滅ぼそうとしたＧＨＱは、教育勅語を根こそぎ取り去らなければならないとまで考えたのです。

それでもどうしても教育勅語が危険の思想だと言う方に、少々手荒なことではありますが、倉山満氏が語って話題になった「逆・教育勅語」を赤塚流にアレンジしてご紹介します。

1. 親孝行は不要です。頼みもしないのに私を生むなんて迷惑千万です。
2. 兄弟・姉妹は仲良くしてはいけません。兄弟・姉妹と言えど所詮他人です。
3. 夫婦は仲良くせず、不倫を文化としましょう。
4. 友だちを信じてはなりません。人はウソをつくものです。
5. 自分の言動を慎むことは要りません。嘘でも何でも言った者勝ち、騙される方がバカなのです。
6. 広くすべての人に愛の手をさしのべるなどといった偽善はやめましょう。自分のことだけ大切にしましょう。
7. 勉強などくだらないし、職業を身につけなくても生活保護を受ければよいのです。
8. 知識を養い才能を伸ばさなくても、適当に生きていけばいいのです。
9. 人格の向上などしなくても、ありのままの私の「個性」だ「人権」だと言えば許されます。

10. 社会のためになる仕事に励まなくとも自分さえ良ければ良いのです。
11. 法律や規則や社会の秩序など要りません。自由気ままが一番です。一旦何かあれば逃げるか訴えるかすればいいのですから。
12. 勇気をもって国のために真心を尽くしてはいけません。国家など幻想です。国などない方がいい、国境など要らないのです。日本はみんなの国です。

教育勅語がいけないものだと言う識者たちよ、いったいどこがどう悪いのか教えてもらいたいものです。

教育勅語という祈り

井上毅は、命を削って、血を吐くような思いで文章を簡潔にしました。誤解を生まないよう、厳選した日本語を使って。

51歳で亡くなる前に、井上毅はこんな言葉を残しています。

「解釈する前に、勅語を勅語として語らしめよ」

つまり、「解釈する前にまず、読んでもらいたい。解釈して、自分の考えに照らし合わせるのではなく、自分の考えを打ち破って、本当の幸せに出会うため、何度も繰り返し読み、暗唱するうちに言葉に込められた祈りが届く」ということではないでしょうか。

教育勅語をそのまま音に出していくだけで、やまとこころのスイッチがオンになっていくのです。

15年ほど前に「いけないものだ」「危険な思想だ」とされている教育勅語とはどんなものなのだろうかと、疑問を持ったところから私の学びが始まりました。

同じ頃、私はあちこちで日本の話をするようになったのですが、その度に右翼だとか、危ない思想だと言われました。祖国を讃えることがどうしておかしいと言われるのか理解に苦しみましたが、日本のことを讃えれば讃えるほど反発されるのです。

その中でも教育勅語というものは、特別危険なものとされているようでした。軍国主義に使われた悪いものだと言うのです。けれども、そんな人たちに「いったいそこには何が書かれているのですか」と質問すると、誰も知らない。読んだことがないというではありませんか。

時には、読んだことのある人もありましたが、内容について説明できる人はいませんでした。私は、教育勅語は悪いものだと言った人で、教育勅語を理解している人に会ったことがありません。

それは、ちょうどイスラエルに行ったことのない人が、「イスラエルは危ないところだ！」と言い切るようなものです。

誰かに洗脳されています。自分の思考回路が停止しているのです。人間としてもっとも哀れな姿ではありませんか。

我が師、糸川英夫博士の私への遺言は、「自分で考えなさい」です。人間の最高の喜びは、自分で考えることです。

そこで私は、イスラエルを30年間訪ね、足の裏で聖書を学んできたように、教育勅語も身体で体感しようと思ったのです。

とにかく、読みました。

初めのうちは意味が分からなかったけれど、毎日毎日読んで、読んで、読みこんでいるうちに、ある時体に沁み込んできて、やがてスイッチがオンになりました。10年ほどかかったでしょうか。知識ではなく、そこに込められた祈りが届いたのです。

聖書の学びと同じです。古事記に込められた先人たちの願いと同じです。「祈り」とは、知識ではなく、霊の情動なのです。その波動に触れるときに、魂から湧きあがってくる、命の叫びなのです。

この気持ちをどうやって表せばよいだろうと、私は考えました。こんなにすばらしい教えが、完全に誤解されていることに憤りを感じましたが、怒りでは人の心に真実を届けることはできません。

「教育勅語」という言葉に抵抗感があるのだとしたら、もうすこし柔らかなアプローチをすればよいのではないかと思い、「かみさまとのおやくそく」という、子供向けに翻訳したＣＤを作ることにしました。

このお話は、日本の人たちが昔から大切にしてきたお話です。日本というすばらしい国に生まれた私たちは誇りをもちましょうということを、子どもに分かるように作りました。

音霊《おとだま》で届けたいと思ったのです。

かみさまとのおやくそく

おおむかしに、わたしたちのそせんが、
にっぽんというくにをつくったとき、
こころのきれいなひとたちがすむ、
りっぱなくににしようとおもいました。

そしてみんなが、そのきもちをたいせつにして、
こころをひとつにしてがんばったから
いまのにっぽんがあるのです。

それはとてもほこらしいことです。

みなさんは、おとうさん、おかあさんをたいせつにして、

きょうだい、しまいはたすけあいましょう。
おとうさん、おかあさんはなかよくしましょう。
ともだちはたいせつにして、いじわるをしたり、
うそをいってはなりません。
いばったりじまんしたりせずに、
こまっているひとがいたら、たすけてあげましょう。
べんきょうはなまけずに、
いろいろなことをおぼえたり、かんがえたりして、
かしこくなりましょう。
ひとのことをうらやましがったり、
ひがんだりせずに、

すすんでみんなのためになることをしましょう。

ずるしたりせずに、きまりはきちんとまもりましょう。

もし、たいへんなことがおこったら、
ゆうきをだしてみんなのためにはたらきましょう。

このおやくそくはずっとむかしから、
みんながだいじにしてきました。

みんながおおきくなっても、
がいこくでもかわらないほんとうにだいじなことですから、
みなさんも、このおやくそくをまもって、
りっぱなひとになりましょう。

面白いもので、「教育勅語」はいけないという人も、「かみさまとのおやくそく」はよいと言って受け取ってくれました。幼稚園で子どもたちに聞かせてくれる園長先生もありました。すばらしい内容ですねと、言われます。

それもそのはず、ここに書かれているのは教育に関する勅語の徳目なのですから。

やはり私たちは、マインドコントロールされているようです。その呪縛をはずすために、まず、自分が洗脳されていることに気づかなければなりません。

そのために、当たり前を疑ってみるのです。魚に水が見えないように、日本人には日本が見えていません。

私は、イスラエルという民族も歴史も環境も違う国に触れ、ユダヤの民を知ることで日本を発見し、自分を見つけてきました。聖書を通じて古事記が分かるようになりました。

そして、教育勅語こそが日本人を日本人とならしめる、ヤマト人への福音であり、大いなる祈りであることを知るに到ったのです。

第5章

ヤマト人への福音を伝える

平成の玉音放送

平成28年8月8日、15時。
今上陛下御自ら、テレビを通じて国民に話しかけられました。

天皇のお身体のことを「玉体」、御声のことを「玉音」といいます。我が国建国以来、天皇みずから国民に語りかけられた、すなわち「玉音放送」がなされたことは三度しかありません。

昭和20年8月15日の昭和天皇による「終戦の詔書」。平成23年3月16日の東日本大震災に際しての御言葉、そしてこの度の三度です。

玉音放送とは、国家の一大事に天皇陛下が国民に直接語りかけることによって、日本を本来あるべき姿へと導く重大な事件、本当に一大事なのです。

なぜなら、天皇とはすべてをご存知で、一切をシラスお方だからです。その天皇がこれからの日本に大きな危惧の念を抱いておられるからこその玉音放送なのです。

私たちはすめらぎの玉のみ声を拝聴しました。

天皇の御思いがどこにあるのか、私たち国民はヤマトの魂で受け取らなければなりません。

平成の玉音放送、全文です。

天皇陛下のおことば

戦後70年という大きな節目を過ぎ、2年後には、平成30年を迎えます。

私も80を越え、体力の面などから様々な制約を覚えることもあり、ここ数年、天皇としての自らの歩みを振り返るとともに、この先の自分の在り方や務めにつき、思いを致すようになりました。

本日は、社会の高齢化が進む中、天皇もまた高齢となった場合、どのような在り方が望ましいか、天皇という立場上、現行の皇室制度に具体的に触れることは控えながら、私が個人として、これまでに考えて来たことを話したいと思います。

即位以来、私は国事行為を行うと共に、日本国憲法下で象徴と位置づけられた天皇の望ましい在り方を、日々模索しつつ過ごして来ました。伝統の継承者として、これを守り続ける責任に深く思いを致し、更に日々新たになる日本と世界の中にあって、日本の皇室が、いかに伝統を現代に生かし、いきいきとして社会に内在し、人々の期待に応えていくかを考えつつ、今日に至っています。

そのような中、何年か前のことになりますが、２度の外科手術を受け、加えて高齢による体力の低下を覚えるようになった頃から、これから先、従来のように重い務めを果たすことが困難になった場合、どのように身を処していくことが、国にとり、国民にとり、また、私のあとを歩む皇族にとり良いことであるかにつき、考えるようになりました。既に80を越え、幸いに健康であるとは申せ、次第に進む身体の衰えを考慮する時、これまでのように、全身全霊をもって象徴の務めを果たしていくことが、難しくなるのではないかと案じています。

私が天皇の位についてから、ほぼ28年、この間私は、我が国における多くの喜びの時、また悲しみの時を、人々と共に過ごして来ました。私はこれまで天皇の務めとして、何よりもまず国民の安寧と幸せを祈ることを大切に考えて来ましたが、同時に事にあたっては、時として人々の傍らに立ち、その声に耳を傾け、思いに寄り添うことも大切なことと考えて来ました。天皇が象徴であると共に、国民統合の象徴としての役割を果たすためには、天皇が国民に、天皇という象徴の立場への理解を求めると共に、天皇もまた、自らのありように深く心し、国民に対する理解を深め、常に国民と共にある自覚を自らの内に育てる必要を感じて来ました。こうした意味において、日本の各地、とりわけ遠隔の地や島々への旅も、私は天皇の象徴的行為として、大切なものと感じて来ました。皇太子の時代も含め、これまで私が皇后と共に行って来たほぼ全国に及ぶ旅は、国内のどこにおいても、その地域を愛し、その共同体を地道に支える市井の人々のあることを私に認識させ、私がこの認識をもって、天皇として大切な、国民を思い、国民のために祈るという務めを、人々への深い信頼と敬愛をもってなし得たことは、幸せなことでした。

天皇の高齢化に伴う対処の仕方が、国事行為や、その象徴としての行為を限りなく縮小していくことには、無理があろうと思われます。また、天皇が未成年であったり、重病などによりその機能を果たし得なくなった場合には、天皇の行為を代行する摂政を置くことも考えられます。しかし、この場合も、天皇が十分にその立場に求められる務めを果たせぬまま、生涯の終わりに至るまで天皇であり続けることに変わりはありません。天皇が健康を損ない、深刻な状態に立ち至った場合、これまでにも見られたように、社会が停滞し、国民の暮らしにも様々な影響が及ぶことが懸念されます。更にこれまでの皇室のしきたりとして、天皇の終焉に当たっては、重い殯《もがり》の行事が連日ほぼ2ヶ月にわたって続き、その後喪儀に関連する行事が、1年間続きます。その様々な行事と、新時代に関わる諸行事が同時に進行することから、行事に関わる人々、とりわけ残される家族は、非常に厳しい状況下に置かれざるを得ません。こうした事態を避けることは出来ないものだろうかとの思いが、胸に去来することもあります。

始めにも述べましたように、憲法の下、天皇は国政に関する権能を有しません。そうした中で、このたび我が国の長い天皇の歴史を改めて振り返りつつ、これからも皇室がどのような時にも国民と共にあり、相たずさえてこの国の未来を築いていけるよう、そして象徴天皇の務めが常に途切れることなく、安定的に続いていくことをひとえに念じ、ここに私の気持ちをお話しいたしました。

国民の理解を得られることを、切に願っています。

人類が最後に到達する究極の民主主義

天皇とは、「祈り」の御存在です。

世界の平和、国家の平安、そして国民一人ひとりの幸せを、朝な夕なと祈ってくださる、大祭司です。天上界の神々とつながり、人との間をとりもってくださる道としてこの世にいてくださるのです。

そして、日本人は、天皇こそ国の中心であり、日本にとって最も大切な背骨、つまり「国体」であることを知って、ともに国を支えてきました。

大日本帝国憲法が生まれた明治22年よりはるか悠久の昔から、我が国は「天皇ノ治ラス国」でした。憲法などという他国の常識をはるかに超越した、世界で最も古くから続く君主国家が我が国日本です。

「シラス」とは、「知る」の丁寧語です。国民の心に寄り添い、すべてをお知りになって徳を持って治めるのがシラスなのです。

日本は神武天皇建国以来、２６７７年の歴史を有する世界で最も古い王国です。日本人の多くは、日本を立憲民主主義国だと思っているようですが、海外のどの国も日本が君主国家であることを知っています。

しかも、「天皇」というどこにもない、神話からつながる万世一系の大君を抱く世界で唯一の国であることも海外では知られています。

「シラス」こそ、我が国の最も大切な心です。国を知り、人を知り、知ることによって愛し、徳をもって政治を行うこと。この統治の姿こそ、私たちの国、日本の最もすばらしいものであり、世界に類を見ない国体なのです。

もし、この統治の仕組みが間違っていたなら、世界で一番永く続く国であり続けることなどあり得ないはずです。

シラスの対義語にウシハクがあります。ウシハクとは、力を持つものがその権力、武力によって統治する形と言ってよいでしょうか。

日本の神話、古事記にはその進化の様子がこう描かれています。

もともと、高天原はアマテラスの力による統治、ウシハク世界だったようです。そこにスサノオという荒ぶる弟が現れ、その統治が行き詰まってしまうのです。

武力ではなく霊的な能力で統治していたアマテラスは、統治が行き詰まったことに心を痛められ、天の岩戸にお隠れになってしまわれます。

そこで生まれたのが、議会制民主主義です。古代ギリシャに民主主義が生まれるはるか昔、神代の時代に我が国では、八百万の神々が天野安の河原に集まって議会を開き、決議をして、アマテラスに岩戸からお出ましいただくために計らいます。

その後、アマテラスを最高権威としてその下に議会を置く、シラス統治が始まります。そして、高天原で完成したシラス統治を地上でも行おうと、ニニギノミコトを降臨させたのです。こうして、徳をもって国民一人ひとりを大御宝として慈しむ、シラス天皇が誕生します。

ただ、時代の流れの中で、強力なリーダーシップで統治する、すなわちウシハクことが必要な場面も出てきました。そこで、日本は、権威と権力を分けることによってうまく対処してきたのです。

徳をもってシラス、天皇は最高権威であり、国民は天皇の「大御宝・おおみたから」です。権力者は天皇の権威の下にあって、最高権威の宝である国民を預かるわけですから、国民を粗末にするわけにはいきません。

つまり、民衆が独裁者によって支配されないのは、天皇という権威の存在のおかげなのです。

民主主義がもてはやされていますが、人民による民主主義の危険性はEU脱退という英国の国民投票をみても明らかでしょう。

大衆が力を持ち、大衆が思い通りに国家を運営しようとするとき、ドイツはナチス党、そしてヒットラーを誕生させました。フランス革命は、ルイ王朝を倒しましたが、その後国家を安定させるのに80年という時間と夥《おびただ》しい血を流すことになったのです。エゴで動く民意とは、なんと愚かなものなのでしょう。

私たちは、民主主義とは、国民主権とは、危険で不安定な未熟なシステムであることを知らなければなりません。民主主義とは、49：51の採決でも、51の意見がすべてとなり49の声は抹殺されるという、不平等の世界でもあるのです。

シラスとは、「人類が最後に到達する究極の民主主義」と言ってもいいのかもしれません。

なぜなら、最高の権威が大御宝として最も大切にする人民を、権力者が預かっているという関係ですから、徒《あだ》や疎《おろそ》かにできるはずがありません。

シラス経営をする経営者は、その大御宝を豊かにし、幸せにするのが使命となります。派遣社員を雇ったりせず、正社員を責任をもって雇用し、終身雇用が当たり前でした。だからこそ、従業員も滅私奉公、自分さておき世のため人のため会社のために一所懸命働いたのです。

天皇という国家最高権威の元で、民は大御宝とされ、世界最高の統治形態を完成させていたのが我が国日本だったわけです。

西洋白人社会が世界を制覇してゆく時代にあって、シラス世界はことごとく滅亡させられていきました。

西洋文明は、ウシハク世界であり、力による支配です。白人にとって有色人種は動物以下であり、どれほど優れた文明があろうと人間として扱うこともなく奴隷にしてゆきました。

キリスト教の世界では、キリストの名において有色人種の国を植民地支配し、搾取し続け、そうすることで白人社会は発展していきました。英国に至っては、70もの植民地を持ち、日が沈むことのない大英帝国と呼ばれたほどでした。

そのウシハク白人支配の世界の中で、シラス統治を続けながらも負けない力をつけて、東亜の一角に燦然と光り輝いた灯明台が私たちの国、日本です。世界最強の米国太平洋艦隊に、真っ向から戦いを挑んだ世界で一つだけの国です。

戦争に負けはしましたが、もっとも大きな痛手を被ったのは英国だったに違いありません。白人のウシハク世界に立ち向かった、シラス世界のヤマトの勇気が飛び火して、植民地がすべて独立してしまったのですから。

憲法があって国家があるのではなく、憲法よりずっと上位のものがあるのです、日本には。その最高権威である天皇がシラスお立場から、あえてお言葉を発せられたのです。

ほとんどの日本人は、とんでもない勘違いをしています。陛下がご自身のことで退位されたいのだと言う人までいます。天皇に対する国民のありかたが問われています。大御宝としての「私」を見直さなければなりません。

世界の灯明台として輝かなければならないシラス国、日本が乱れています。

伊勢のサミットを見届けた時、私の役目は終わったと思いました。しかし、平成の玉音放送を拝聴し、いまからこそが、やまとこころのキャンドルサービスの本当の始まりだと気づかされたのです。

ついに平成の御代が終わります。

いま、一人ひとりが、ヤマト人としての目覚めを願われているのです。

修身の教科書にみるやまとこころ

昭和14年1月1日に発行された『修身及公民科』という文部省検定済みの教科書の復刻されたものが、私の手元にあります。

最初のページに記されているのは教育勅語です。

そして、「第一　大国民」と教科書は始まります。

明治天皇御製

「あさみどり澄みわたりたる大空の　広きをおのが心ともがな」

人それぞれの性質があるように、国民にも特有の気風がある。

これを国民性という。個人の性質が、遺伝と環境や教育で形作られるように、国民性は民族に固有の性情と、その国の風土・歴史によって、長い年月の間に形作られるのである。

我が国民性は万邦無比の国体にねざしている。

拝国以来、皇統連綿、歴代の天皇深く民を慈しみ給い、臣民常に清明心を以て天皇に仕えまつった。清明心は私なき透明な心であって、大和魂、忠君、愛国として常に国民性の根本をなしてきた。

更に我が国民性の特色としては、

1. 自然を愛する
2. 清浄を尊ぶ、禊ぎは身体を清めて精神を清浄にする
3. 残忍でない
4. 義に勇む
5. 同化力において不思議な力をもっている。支那・印度のものであろうと西洋のものであろうと、よいものは摂取して我が血肉とした。

その他種々の長所を挙げることができるが、長所には短所が伴い易い。

即ち、寛容・堅忍・雄大・深み・独創等に乏しいのではないかといわれている。

固より一国民の性格をはっきりと捉えることは難しい。

けれどもよく注意して観察すれば、それが童謡にも民謡にも、村の祭り、町の賑わいにも、生活のあらゆる場面に、特色の色彩、情調をもって現れている。

「第五　信仰」にはこのように書かれています。

宗教心

果てない広野に沈みゆく夕日を眺め、暮れゆく山の彼方にまたたく明星を望み、自然の神秘天地の悠久を思う時、或いは美しい音楽に芸術の偉大を感じ、または生死の境に立ち、思いがけない不幸に遭って人生の厳粛を知るとき、自己の弱さ小ささを感じて、人間以上の力に対する帰依・随喜の念が湧いてくる。

これが宗教心である。

……中略……

人類は宗教を求めている。ひたすら神や仏に帰依するならば人々の心に安心や喜びが齎《もたら》されると考えているのである。

我が国の宗教には、教派神道、仏教、キリスト教などがある。

教派神道は国民として神社を崇敬するのとは別であるが、民間にかなり広く行われている。仏教は古くから広く行われ、国民生活に深く入り込んでいる。キリスト教は伝来してから日が浅いけれども、国民の思想に影響するところが多い。

日本臣民は帝国憲法によって信教の自由が保障されている。国法に反しない限り、いかなる宗教をも信奉できる。

しかし、淫祠《いんし》邪教に迷ってはならない。

「第七　人生の喜び」最後の章です。

人生の目標を金銭や名誉や快楽などに求めるのは、自分だけの短い生涯を考えるからである。真の人生は自分一人だけで完成し得るものでない。縦には初めなき初めから、終わりなき終わりに連なる永遠の人生。横には世界の一切の人類につながる広大な人生である。我らの生活の背後には、幾千年に亘る無数の先人、世界の各地に別れ住む無数の同胞の努力がある。

これら古今を連ね、東西に亘る全人類は、日夜営々として文化を建設し、人生を創造してきた。わが生涯もまた、ただに一身一家の生計を図るだけでなく、一郷一国の興隆、進んでは人類文化の建設、大人生の創造に参加しているのである。殊にわれらは生をこの日本に享け、万邦無比の国体の下に、天壌無窮の皇運を扶翼し奉るのである。

かくてこそ六尺の肉体は朽ち亡びても、我は永遠に朽ちないのである。

志望は雄大でなければならない。鬱勃《うつぼつ》たる壮志を抱き、何事か成らざらんと勇躍するような境地に於いて、人は真に生甲斐を感ずるのである。雄心を抱き、これが現実に渾身の力を注ぐ、これほど人生の会心事はあるまい。われに事業がある、それ故に飽くまで生きねばならない。けれどもその事業は気高い精神の華であり、果実でなければならない。

幾たびか辛酸を経て志始めて堅し　　西郷南州

人生は永遠である。胸に烈々たる理想を抱き、毅然として立て。

汝の胸の英雄を失うなかれ。

「鳶飛んで天に戻り、魚淵に躍る」

人はそのあるべき所に在って生を遂げ、存在の意義を全うすることに、真の喜びと貴さがある。


軍国主義だとか、右翼だとか決めつける前に、一度静かな心で読んでみてはいかがでしょうか。

ここに書かれていることは、現代の大人にこそ必要なものなのかもしれません。

戦艦ミズーリのへこみ傷

「僕の人生は明日で終わる、
　生きたであろう残りの人生を未来の君たちに託す」

鹿児島は知覧の基地から飛び立った、19歳の青年の遺書です。250キロの爆弾を抱えて、沖縄にいる米軍の艦隊目がけて飛んでゆきました。

私は、今年1月にハワイを訪ねました。

そして、ワイキキの雑踏を離れて真珠湾に行きました。

浜辺にもショッピングセンターにも日本人がたくさんいて、どこでも日本語が通じます。まるで、日本の観光地です。

ところが、真珠湾に行くと、日本人はほとんどいません。中国人は群れています。車でほんの20分ほどの距離ですが、真珠湾を訪ねる日本人がほとんどいないというのは信じがたいことです。

いま、真珠湾には戦艦ミズーリがつながれており、中を見学することができるのです。

ミズーリは第二次世界大戦から湾岸戦争まで使われた軍艦です。スリムな船体ですが、長さは戦艦大和と同じくらいの大きな船です。日本は、１９４５年9月２日にこの戦艦の甲板で降伏文書に調印しました。

そのミズーリの後方、右舷に小さなへこみ傷があります。わずかな窪みです。自動車が駐車場のブロックにぶつかったときの傷よりも浅いような、戦艦にはなんら影響もないような傷です。

しかし、私はそこにあった説明を読み、言葉を失い立ちすくみました。

1945年、沖縄戦で、ここに零戦の特攻機が激突したのです。

石野節雄さんという19歳の青年の乗ったゼロ戦です。

雨あられと降る艦砲射撃、敵の戦闘機の攻撃を掻い潜って、ついに米国の戦艦に突入したのです。

しかし、石野二飛曹の抱いた250キロ爆弾は不発でした。

機体のほとんどは海中に落ちてゆき、19歳の戦闘機乗りの上半身だけが甲板に落ちてきたのです。

「ジャップ!」

憎しみを込めて水兵たちが亡きがらを足蹴にしました。

しかし、そのとき艦橋に立った艦長が怒鳴ったのです。

「バカ者！　やめないか！

その若者は、われわれと同じだ。

祖国を守るために突撃したのだ。

他のゼロファイターが撃墜されているのに、ここまでやって来た彼はヒーローだ。褒めるべきだ！」


それを聞いた水兵から士官まで、すべての人がその場で反省し、船の中で白い布と赤い布を徹夜で縫い上げて旭日旗をつくり、翌朝、石野二飛曹の上半身を包んで、戦闘の真っただ中に正式なアメリカ海軍葬を行いました。


乗員が整列し、敬礼し、遺体を海に帰しました。

ラッパを吹き、礼砲を打ち鳴らし、正式な海軍葬を行ったのです。


実際に、ミズーリの甲板にはその時の足の跡がペイントされています。葬式の写真も展示されています。

いま、「無駄死にだ」「犬死だ」と特攻隊員に対して、同胞である私たちがひどい言葉を投げつけています。「日本は悪いことをしたのだ」と自分の国を見下すようなことを平気で言います。

しかし、戦艦ミズーリの艦上で知った米軍のフェアな心に対し、私は言葉を失いました。

そして、日本に生まれたから「シラス」心をもつヤマトの人ではないのだということを、あらためて知らされたのです。

日本は、戦略的にも戦力的にも米国に負けました。

しかし、実際の戦闘においての、日本人将兵の勇猛果敢さ、忠誠心の高さは、米国人の理解をはるかに超えるものであり、心ある米兵たちには心底からの畏怖を与えました。

そして、悲しいかなそのことが、勝たなければならない戦争ゆえに、一般市民をも巻き込む度を超えた攻撃へとつながっていったのです。

私たちが、いま日本に生まれ、豊かな生活を送れるのは、日本を守ってくださった先輩方のおかげです。

祖国のために貴い命を捧げてくださった英霊に対して、感謝の気持ちを持てないというのは、もはや国民としては末期症状ではないでしょうか。

「僕の人生は明日で終わる、
　生きたであろう残りの人生を未来の君たちに託す」

託された日本人の一人として、この手紙が胸に刺さり痛むのです。

命に代えてでも守ろうとした大切なもの

19歳の青年が、自分の命に代えてでも守ろうとした大切なもの。それを根こそぎ取り去るために、米国は徹底的に日本を研究しました。

天皇について調査し、昭和天皇と会見したマッカーサーは、「天皇の存在なしに日本の統治は不可能」と判断し、米国政府に「天皇の政治責任は一切なし」と通知します。

ソ連、英国は天皇を戦争犯罪人として処罰することを強く要求し、米国もその意見に傾きかけていましたが、マッカーサーの報告によって天皇を戦争犯罪人にすることをあきらめました。

しかし、戦勝国である米国は、「降伏後における米国の初期対日方針」にこう明記しています。

「日本国が再び米国の脅威となりまたは世界の平和および安全の脅威とならないことを確実にすること」

そして、教育によって、日本を内部から崩壊させる作戦に出ました。戦前の日本の教育を全否定し、あのすばらしい修身の教科書さえ黒く塗りつぶしたのです。

日教組に代表される「民主教育」は、差別反対、すべての人は平等であると社会の画一化を叫びました。

しかし、生物である人間は、誰もが違った役割で生まれ、多様性の中で種を保存するように造られています。戦後民主主義とは、一見すばらしいようでありながら、生物としての本来の在り方とも真逆の方向性を向いているのではないでしょうか。

日本内部崩壊作戦のために、ＧＨＱは「教育に関する４つの解体指令」を出しました。

1.「日本教育制度に対する管理」に関する覚書（昭和20年10月23日）

軍国主義、国家主義的な考え方を助長するものは削除するとして、教科書は墨で消すよう指示されました。「うさぎとかめ」の童話で、カメが勝ってバンザイをしている挿絵までも黒く塗りつぶされました。

2.「教育及び教育関係官の調査、除外、認可」に関する覚書（昭和20年10月30日）

これによって、戦前の思想を大切にしたいという教師12万人が公職から追放されました。

3.「国家神道・神社神道に対する政府の保証、支援、保全、監督並びに弘布の廃止」に関する件（昭和20年12月15日）

これがいわゆる「神道指令」で、国家と神道の分離を要求されました。

伊勢神宮の式年遷宮も国家行事として執り行うことができなくなりました。神話の継承さえ、国家で行えなくなってしまったのです。

4.「修身、日本歴史および地理停止」に関する覚書（昭和20年12月30日）

そして、この解体指令の後、昭和20年12月に全日本教員組合が結成され、22年6月に共産主義を支持する派閥、社会主義思想の派閥が合体して「日教組」となりました。

日教組が手本にし、目指していた教育は、レーニンの妻が主張する「ソビエト教育学」でした。

その考え方とは、革命の邪魔となる「家族」の解体、そして子どもは国家集団で育てるというものです。

教師とは、「生徒たちの自主的学習を援助する、経験と知識に富んだ年長の友人」であるとしています。また、「ゆとり教育」を唱え、価値観の強制をしてはならないということで道徳教育にも反対しました。

ところが、本家のソ連では、この教育方針で子どもたちに接した結果、教育現場は、いじめや校内暴力、学級崩壊、青少年の犯罪などが増え、手がつけられなくなってしまいました。そして「ソビエト教育学」は、レーニンの後、スターリンによって一掃されてしまいました。

つまり、本家で失敗した社会主義教育を、日教組や国立大学教育学部がしっかり受け継ぎ、自虐的な「東京裁判史観」によって歴史教育を続けているのがいまの日本なのです。

日教組は、戦争と関連付けて、国旗・国歌に反対しています。

このことがどれほど世界の常識から逸脱しているのかということに、いい加減気づき、目覚めなければ、私たちはもはや取り返しのつかないことになってしまいます。

国を失った民族がどのような運命をたどるのか、ユダヤの民に学べと叫んだ糸川英夫の声が胸の中に響いています。

白梅の塔

これまで何度も訪れてきた沖縄。

それなのに、行ったこともなく、存在すらも知らなかった場所がありました。

「白梅の塔」です。

ひめゆりの塔には何度もお参りさせていただきましたが、白梅の塔は知らなかったのです。

ひめゆり部隊については、戦後何度か映画化されていることもあって、多くの人に知られています。しかし、沖縄戦での女子学徒による看護隊は、ひめゆり部隊だけではありませんでした。

他に、白梅学徒隊（沖縄県立第二高等女学校）、ずゐせん学徒隊（県立首里高等女学校）、積徳学徒隊（私立積徳高等女学校）、梯梧学徒隊（私立昭和高等女学校）、なごらん学徒隊（県立第三高等女学校）などが、それぞれ看護隊として従軍しています。

本来、国際法であるハーグ陸戦条約によれば、たとえそれが敵軍であっても、医療施設に対する攻撃はしてはならないことになっています。しかし、米軍の砲撃は容赦なく、医局にいる彼女たちのうち多くが死亡してしまうのです。

6月18日、沖縄の日本軍がほぼ壊滅し、彼女たちにも解散命令が出されましたが、逃げまどう彼女たちに容赦なく米軍の銃弾が襲いかかり、ひめゆり部隊240名のうち、終戦時までに生き残ったのはわずか14名でした。

「白梅学徒隊」は、ひめゆり隊より17日はやい、3月6日に55名で結成されました。そして、第二四師団の野戦病院で、看護教育を受けます。

3月23日、沖縄に米軍の猛爆撃が開始されます。

もはや、地上にある病院は危険です。第二四師団の野戦病院は、医師や患者とともに、八重瀬岳の病院壕に移動しました。

病院壕といえば聞こえはいいけれど、実際にはただの「洞穴」です。床も壁も天井も地面むき出しで、近くに爆弾が落ちれば、轟音とともに天井から土や石が落ちてくる。

その洞穴に、前線で重傷を負った兵たちが次々に運ばれてきます。沖縄戦においても、少しでも動ける者は銃をとって戦っていたので、そこに運ばれてくるのはすでに戦闘能力を失った重症患者ばかりでした。

その頃には職業軍人の多くは命を落としていたので、運ばれてくるのは兵士と言っても招集令状、赤紙で召された、いわば普通の人たちです。昨日まで田んぼを耕したり、会社で働いていた人たちなのです。

しかし、それでも彼らが沖縄にやってきたのは、沖縄を守り、日本を護るためでした。

彼女たち白梅部隊は、その洞穴で、負傷兵の看護や手術の手伝い、水くみ、飯炊き、排泄物の処理、傷口に沸いたウジ虫の処置、死体埋葬、伝令などをします。まだ16歳の少女が、兵隊の尿を取ったり、膿だらけの包帯を交換したり、傷口にわいたウジ虫を払い落としたり、亡くなった兵隊の死体を運搬したりしたのです。

手術は、医師たちによって洞穴の中で行われます。爆風によってつぶされた腕や脚は、最早切り取るしかありませんでした。麻酔はおろか、薬もありません。切り取った手足はバケツに入れられ、それを白梅部隊の女学生が、交代で、敵の爆撃のない早朝に表に捨てに行ったそうです。

4月下旬になると負傷兵が増加し、洞穴の入り口付近まで負傷兵であふれるようになります。

そこで5月上旬には、東風平国民学校の裏手の丘にも分院を開設し、収容しきれない患者をそこへ移すのですが、その分院のある場所にも米軍が迫ります。

やむなく分院は閉鎖し、もとの八重瀬岳の本院へ患者と白梅隊を集合させます。

分院を閉鎖するとき、白梅隊のメンバーが、歩けない負傷兵たちに青酸カリなどを与え、彼らを処置しました。

彼女たちは、沖縄県立第二高等女学校の最上級生（四年生）とはいえ、いまならまだ高校一年生。16歳の乙女たちです。

痛みに苦しむ患者たちの日常の世話をし、彼らと親しく会話も交わしていたであろうものを、歩けないと知った彼らに青酸カリを渡すのです。

そのときの心の痛み、辛さ、苦しさ、哀しさはいかばかりだったでしょう。

6月4日、いよいよ八重瀬岳の本院にも敵の手が迫ります。病院は、５００名以上もの重症患者の「処置」をします。こうしたむごい作業も、白梅看護隊の仕事でした。

そして、病院は解散し、白梅隊もこの場で解散となります。

彼女たちは、軍と行動をともにしたいと願い出ます。しかし、もはや死を覚悟した軍の兵士達は、彼女たちの願いを退けます。どうしても、彼女たちには生き延びてもらいたかったのです。

彼女たちは、数人ずつに別れて、南部に向けて撤退します。しかし、逃げるあてなどありません。

そして、爆風渦巻く中、8名が途中で死亡し、ようやく16名が国吉（現糸満市）で洞穴を見つけ、そこに身を隠します。それが、いま「白梅の塔」のある洞窟なのです。

16歳の武器さえ持たない彼女たちの隠れる壕に、6月21日、米軍が「馬乗り攻撃」を仕掛けてきます。「馬乗り攻撃」というのは、洞穴の上から穴を開け、その穴からガソリンなどの可燃物を注ぎこんで火を着ける攻撃法です。

この攻撃によって、壕に隠れた彼女たちのうち、6名が死亡。6月22日、上の壕も同様の攻撃を受け2名が死亡、後日1名が、重度の火傷のため米軍病院で死亡します。

結局、動員された55名の生徒のうち、17名の少女が命を失いました。生還した彼女たちは、入隊したときの気持ちを次のように語っています。

「まったく不安はなかったね。戦争は絶対に勝つもんだと信じきっていたから」

「私たちが行かなかったら、誰が傷病者を世話するのって真剣に思ってた」

「ただもうお国のために……という気持ちで一杯だったんです」

彼女たちに戦局の様子は分かりません。

ただ爆弾が落ち、次々に運ばれてくる負傷者を必死に介護した。そして多くの命が失われた。戦いに敗れ、蹂躙されるとは、こういうことなのです。

なぜ彼女たちがここまで追い詰められ、この世の地獄とも思える厳しい現実に接しなければならなかったのでしょうか。

それは戦争だったからです。

世界に法律はありません。

国家間の条約があるだけです。

そして、いったん戦争になれば、条約など誰も守らない。戦時中でも必死に条約を守り通したのは、世界広しといえども日本軍ぐらいのものなのです。

私は、一度たりとも、戦争を美化しようと思ったことなどありません。

日本が負けて、さらに力こそ正義の世界が広がりました。

それでも日本は、戦後70年、戦争をしていません。この70年間で戦争をしていない国は日本とスイスだけでしょうか。

しかし、日本が東亜において戦後70年、戦争をしないで済んできたのは、米国の核の傘に守られたからです。日本を攻めることは、米国の核を敵にまわすことになるからです。

間違っても、憲法9条があるからではありません。

しかし、それでよいのでしょうか。

私たちは、いま改めて考える必要があります。

国を愛するとはどういうことかを。

暮れなずむ沖縄の夕焼けの中、誰もいない静かな白梅の塔、その横に洞窟があります。真っ暗な洞窟に降りて行くと、コウモリが飛び立ちました。

ここに16歳の白梅の少女たちがいたのです。目が慣れてくると、洞窟のまわりの壁が黒く焼け焦げているのがわかります。

昨日まで人形を抱いたり、裁縫をしたり、文をしたためたりした手で、兵士のちぎれた腕を持ったり、腐った肉からウジを取ったり、破れた腹に腸をねじ込んだり……。

まだ恋も知らない16歳の白梅の少女たち。

洞窟の地面に手をつき、祈りました。

「ありがとうございました。あなたがたの優しさで、死んでゆく兵隊さんたちが、最期に救われました。私たちもこれからの日本のために生かしていただきます。どうか、天上よりの支援、お願いいたします」

沖縄の人たちも知らない白梅の塔。導かれるように訪ねる道中、空には鮮やかな二重の虹がかかりました。見えない世界で何かがつながったのかもしれません。

いま私たちが豊かな日本で暮らせるのは、日本を護ってくださった先輩たちのおかげです。５００年前、千年前にも、日本をいい国にしようと、美しく生きてくださった祖先の方々のおかげです。

未来の日本をよくするために、私は魂をこめて語り続けます。

いま、はじまりの時

２０１６年5月26日、世界の首脳が伊勢の神宮の神域に入り、その翌日オバマ米国大統領が広島を訪問されました。

これで僕の仕事も終わりに思えました。

講演活動も終えて、日常の生活に戻るのだと決めました。

ところが、以前から約束していた沖縄講演に行った時、そう、あの白梅の塔を訪れた翌日のことです。

沖縄では、琉球民族は日本の犠牲になっているという反発が強くあり、天皇に対する感情も複雑なものだと聞かされていました。

米軍基地反対の運動で、騒ぎが繰り返されているとも報道されています。

そんな中で、『ヤマト人への手紙』を引っさげて私がゆくことにどんな反応があるのだろうかと、いくばくかの不安もあったのです。

「ヤマト」という言葉に対してすらも反発があるのではないかと思えました。沖縄では日本人に対しては「ヤマトンチュー」沖縄人を「ウチナンチュー」と呼んで区別しているそうですから。

宜野湾の講演会場には、私の友人で伊勢神宮に何度も来てくれている新垣さん、又吉さんが中心となって200名以上のお客様が来てくださっていました。

２時間の講演です。いつものように、イスラエルから見える日本。魚には水が見えないように、日本人には日本が見えないという話になり、やがて、ヤマトの神話、そして天皇の話へと進んで行きます。

「ヤマトとは、「大和」と書きます。
大和、すなわち大きな和です。
これが、おおきなわ、おきなわの心とつながりませんか。
ヤマトは大和、「おーきなわ」です」

なんと、そう言った途端に会場が一体となり、割れんばかりの拍手が起こりました。

たしかに、沖縄では、自分たちが見殺しにされたとか日本の犠牲になったとか、怒りの波動を煽るような活動がなされているようです。米軍の問題ばかりを論じて、中国に阿《おもね》る風潮すらあるようにみられます。

しかし、沖縄は日本です。

沖縄を見捨てるというのなら、どうして17歳から20歳代前半の、将来ある若者たちが250キロ爆弾を抱いて、沖縄を攻めている米国艦隊に特攻してゆくでしょうか。戦艦大和が沖縄に特攻してゆくのでしょうか。

私は、昭和天皇がどれほど国民を、沖縄の人たちを愛していたか……、必死で語りました。

果たして沖縄の人たちは、そんな私の講演に反発されたでしょうか。とんでもない、その真逆で、日本のどこよりも熱い反響があったのです。

「天皇は私たちのお父さんのようさー」

「そんなこと知らされなかったさー」

滂沱《ぼうだ》たる涙を流して、「私たちはみんな日本人さー」と握手をしてくださる沖縄の兄弟たちに私も涙しました。

『ヤマト人への手紙』は瞬く間に完売し、サインをさせていただいていると、お一人おひとりが口々に感想を伝えてくださいました。

そのほとんどが「本当のことを知らなかった」というものでした。

こうして私は、まだ終わっていないのだということを、知らされたのです。

「教育勅語」というだけで拒否反応を起こすように、私たちは洗脳されています。「本当のことを知らない」ようにコントロールされているのです。

いよいよ扉の鍵をあける時がきたようです。

私は講演活動を終えようと思いましたが、いま、新たな次元のメッセージを伝える、はじまりの時がきたのだと感じています。

そして、それは決して私一人のはじまりではありません。一人ひとりが、ヤマト人として魂に灯した火を、周りの人たちに伝えてゆくのです。

大きなことや、運動など必要ありません。
まず、自分が日本に生まれて良かったという喜びに生きるのです。

一隅を照らし、自分の生きている場所で喜ぶのです。

誰と比べることもなく、自分の置かれたところで花を咲かせるのです。

「教育勅語」は一切の宗教を超えて、やまとこころのキャンドルサービスをするための明治天皇の祈りです。皇祖皇宗の祈りでもあります。そして神武天皇から遡って天照まで繋がるものなのです。

私たちが願っている以上に、私たちに願われていることを思い出しましょう。

教育勅語という祈りが、世界の光となりますように。
日本が世界の灯明台となりますように。
そして、すべての宗教が手をつなぎ合い、世界に平和の風が吹きますように。

あとがき

皇紀2677年3月20日、晴朗なる朝雲を見下ろし、長崎から東京に飛ぶ日本航空の機内にて、この文章をしたためています。

窓の外の主翼には、燦然と日の丸が輝いています。

16年前、一年間の米国への留学を終えた高校一年生の我が娘「万穂《まほ》」が、帰国するやいなや私に言った一言が、私のヤマト人への原点回帰となりました。

「お父さん、私は本当に恥ずかしかった。
祖国の建国の歴史を知らないということは、とても悲しいことです。
アメリカの同級生たちは、一人残らず知っていました。
私は、中学を卒業するまで誰にも教えてもらったことがない。

お父さん教えてください」

ところが、当時42歳になっていた私は、万穂に何も答えることができませんでした。知らなかったからです。

イスラエルを旅し、「民族の歴史を失った民族は例外なく滅びる」とユダヤの友から聞かされていても、それまでの私にとっては所詮他人事でした。

万穂は、ホストファミリーのお母さんからこう言われたそうです。

「マホ、自分の国を愛せない人に、よその国を愛することなんてできないのよ。自分を愛せない人が人を愛せないのと同じようにね。自分の国も愛せない人が、自分を愛することなんて、できると思う？」

「民族」とは、同じ歴史を共有する仲間のことを言うのだとユダヤの民が教えてくれました。

私には日本の国籍があるし、日本のパスポートも持っている。しかし、私は祖国の歴史も知らない、「ヤマト人」どころか日本人もどきの根無し草であることに気づかされたのでした。そして、幼いころからずっと抱えてきた、言い知れぬ漠とした不安はここから来ているのかもしれないと思ったのです。

私はそれまで、「日本がまともな国になるために学ぶべき相手は、もはやイスラエルしかない」と叫び続けて天に還って行かれた我が師、糸川英夫博士の遺志を継ぎ、ユダヤの魂を学ぶべくイスラエルに同志を導き、足の裏で聖書を読んできました。

そしてこの時、万穂に気づかせてもらったことで、聖書と同じように日本の神話を足の裏で読む旅が始まったのです。

聖書、古事記、やまとこころのスイッチをオンにしながら巡り、得た気づきを伝道師として伝えるべく「やまとこころのキャンドルサービス」と名付けて講演会を続けてきました。

東へ西へと走り続け、数え切れない人たちと出会い、終わりなき旅はいまも続いています。

「聖なる約束4」は、諸宗教和合、敵味方のない大調和の世界を願い明治天皇が日本国民に語りかけてくださった「教育勅語」を書きました。

「教育勅語」の祈りをヤマト人に届けるために。

神話に還ろうと話す時、歴史の大切さを話す時、過去に囚われてはいけない、いまを生きなければならないという人がいます。

しかし、心の中に、魂の奥にくすぶるものを残したまま、言葉で許し合う認め合うと言ったところで、囚われから解放されることなどないのです。

祖先が命がけで残してくださった言葉から真実を読み取り、しっかりと向き合って後、はじめて感情的な囚われから解放されるのではないか。そこではじめて、天とつながりいまを生きることが始まるのではないか。

そして、それこそが人類が迎えようとしている進化であり、いま、まさにその時がきているのだと私には思えるのです。

人間は歴史の生き物です。

神話に立ち返りましょう。

「教育勅語」こそ、ヤマト人の智慧が、高天原からの願いが込められた「ヤマト人への福音」であることを知る時がきました。

12年間、毎日声に出して読み続け、体感した魂からの思いです。

この思いを受け止めかたちにしてくださった、きれい・ねっとの山内尚子さん。「聖なる約束」の同行の朋友、船井勝仁さん。そして、私に大きな学びをくれた愛する娘、万穂。いつも支えてくれる妻、寛子。赤塚建設スタッフのみんな。

今日までの私の人生で、出会ってくださったすべての兄弟姉妹に感謝を捧げます。

春分の日と名を変えた、春季霊大祭に書き終えたこの一冊が、一人でも多くのヤマト人への福音となることを祈って。

平成29年3月20日

赤塚高仁

著者略歴

赤塚高仁（あかつか こうじ）

赤塚建設株式会社　代表取締役
1959年三重県津市生まれ。明治大学政治経済学部卒業。大手ゼネコンで営業を務め、四国で瀬戸大橋などのプロジェクトにかかわった後、赤塚建設を継ぐ。「所有から使用へ」というコンセプトで、定期借地権による世界標準の街づくりを事業化。光冷暖、生体エネルギー、免疫住宅ホルミシスハウス、自然素材を使った「住めば住むほど元気になる究極のECOハウス」を普及すべく伝道活動中。
日本の宇宙開発の父、ロケット博士として世界に名高い、故・糸川英夫博士の一番の思想継承者として、日本とイスラエルとの交流に人生を捧げた糸川博士の遺志を継ぎ『日本テクニオン協会』の会長を務める。イスラエルを十数回訪れ、鍵山秀三郎氏、船井勝仁氏をはじめ、300人を超える人々の導き手にもなってきた。
「民族の歴史を失った民族は、必ず滅びる」というユダヤの格言や、荒野に挑むユダヤ民族との交流を通して、祖国日本を洞察。ヤマト人の歴史を取り戻すべく、「やまとこころのキャンドルサービス」の講演会を全国で行っている。伊勢神宮で12月に行われる月嘗祭に「神話を体感する会」を主催。また、山元加津子さんのドキュメンタリー映画『1/4の奇跡』『宇宙の約束』『僕のうしろに道はできる』にも出演し、そのユニークな経歴と活動に全国各地から注目が集まっている。

著書「蝸牛が翔んだ時」日本教文社
　　「定期借地権とサスティナブルコミュニティー」
　　「世界標準の家に暮らそう」
　　「聖なる約束」きれい・ねっと
　　「ヤマト人への手紙」きれい・ねっと
　　「天皇とユダヤ、キリストそしてメシアメジャー」ヒカルランド
　　「黙示を観る旅」きれい・ねっと他
赤塚建設公式サイト
　　http://www.akatsukakensetsu.co.jp/
メルマガ「ヤマト人への手紙」配信中
　　http://www.akatsukakensetsu.co.jp/mm.html

聖なる約束4

ヤマト人への福音 教育勅語という祈り

2017年 4 月 2 日 初版発行

著　者　赤 塚 高 仁

発行人　山 内 尚 子

発　行　株式会社 きれい・ねっと

〒670-0904　兵庫県姫路市塩町91

TEL 079-285-2215 FAX 079-222-3866

http://kilei.net

発売元　株式会社 星雲社

〒112-0005　東京都文京区水道1-3-30

TEL 03-3868-3275 FAX 03-3868-6588

ISBN978-4-434-23240-4

きれい・ねっと

あなたと
私と
この星と
きれいでつながる
よろこびの輪